中国（海南）
自由贸易试验区服务贸易创新发展典型案例

Typical Cases of Service Trade Innovation and Development in China (Hainan) Pilot Free Trade Zone

李世杰　姬国辉　孙鹏　余升国◎编著

中国经济出版社
CHINA ECONOMIC PUBLISHING HOUSE
北京

图书在版编目（CIP）数据

中国（海南）自由贸易试验区服务贸易创新发展典型案例／李世杰等编著.
—北京：中国经济出版社，2019.8（2019.10 重印）
ISBN 978-7-5136-5515-6

Ⅰ.①中… Ⅱ.①李… Ⅲ.①自由贸易区—服务贸易—经济发展—案例—海南
Ⅳ.①F752.866

中国版本图书馆 CIP 数据核字（2018）第 289604 号

责任编辑　姜　静　赵立颖
责任印制　马小宾
封面设计　华子设计

出版发行　中国经济出版社
印 刷 者　北京艾普海德印刷有限公司
经 销 者　各地新华书店
开　　本　710mm×100mm 1/16
印　　张　14
字　　数　200 千字
版　　次　2019 年 8 月第 1 版
印　　次　2019 年 10 月第 2 次
定　　价　78.00 元
广告经营许可证　京西工商广字第 8179 号

中国经济出版社 **网址** www.economyph.com **社址** 北京市东城区安定门外大街 58 号 **邮编** 100011
本版图书如存在印装质量问题，请与本社销售中心联系调换（联系电话：010-57512564）

《中国（海南）自由贸易试验区服务贸易创新发展典型案例》编委会

序一

自贸区建设核心是制度创新

推动形成全面开放新格局，赋予海南经济特区改革开放新的使命，是习近平总书记亲自谋划、亲自部署、亲自推动的重大国家战略，是党中央适应经济全球化新趋势、准确判断国际形势新变化、深刻把握国内改革发展新要求作出的重大开放举措。从 1988 年“建省办特区”，2009 年“海南国际旅游岛建设”，再到 2018 年“建设中国（海南）自由贸易试验区和中国特色自由贸易港”，海南一直在持续坚实地推进改革开放。

2018 年 4 月 13 日下午，习近平总书记在庆祝海南建省办经济特区 30 周年大会上宣布支持海南建设自由贸易试验区，支持海南逐步探索、稳步推进中国特色自由贸易港建设，分步骤、分阶段建立自由贸易港政策和制度体系。海南自由贸易试验区和中国特色自由贸易港该如何建设，面临着体制机制创新、开放经济新体制构建、产业布局与高质量发展、开放风险防控等问题，都需要地方政府、科研院校和智库加强研究。

为贯彻习总书记“4・13”关于“推动服务贸易加快发展”重要讲话精神的要求，2018 年 10 月始，参与服务贸易创新试点的相关部门和研究机构联合组建了服务贸易创新发展案例课题组，对海南服务贸易创新试点以来的成果进行深度挖掘和提炼，力争把社会反响好、获得感强的改革成果，形成一批生动形象的典型案例，这对于更好地复制推广制度创新经验、持续放大改革效应具有重要的示范意义。

全书从壮大市场主体、服务贸易便利化、扩大双向开放、提升行政效能四个方面综合选取了 15 个海南服务贸易创新试点过程中的典型案例。细阅上述 15 个案例分析报告可以发现，每个案例都非常有深度和应用价值。全文的撰写，资料翔实，结构严谨，点评精练，有着较强的实践指导意义，也具有较强的可读性。海南因改革开放而生，也因改革开放而兴。作为全面深化改革试验区，海南必须大力弘扬敢闯敢试、敢为人先、埋头苦干的特区精神，在实行更加积极主动的开放战略、探索建立开放型经济体制及创新社会管理等方面先行先试，争取有更多可复制可推广的制度创新，争创中国特色社会主义生动范例。

中国特色自由贸易港研究院副院长

（海南省政府政策研究室原主任）

序二

服务贸易创新是自由贸易试验区创新发展的核心要义

建设自由贸易试验区是党中央、国务院在新形势下全面深化改革和扩大开放的重大战略举措。当前自贸试验区建设已经形成了“1+3+7+1”的开放新“雁阵”，构成东中西协调、陆海统筹的发展格局。作为最近一个批复设立的自贸试验区，海南被党中央赋予更高的政策期许，定位更高、试点领域更多、试点政策更优、试点区域更广。作为探索建设自由贸易港的第一步，海南自贸试验区提出，到2020年努力建成投资贸易便利、法治环境规范、金融服务完善、监管安全高效、生态环境质量一流、辐射带动作用突出的高标准高质量自贸试验区，为逐步探索、稳步推进海南自由贸易港建设，分步骤、分阶段建立自由贸易港政策体系打好坚实基础。

习近平总书记“4·13”重要讲话要求海南发展不能以转口贸易和加工制造为重点，而要以发展旅游业、现代服务业、高新技术产业为主导，而旅游业、现代服务业、高新技术产业与服务贸易发展密切相关。因此服务贸易创新发展是海南自贸试验区建设的鲜明特点，在海南自由贸易试验区和中国特色自由贸易港建设的使命和机遇面前，探索海南服务贸易的发展新方向，具有非常重要的现实意义。

海南应以全球服务贸易蓬勃发展为契机，以海南自由贸易试验区和中国特色自由贸易港建设为指引，大力推进服务贸易创新发展。《中国（海南）自由贸易试验区服务贸易创新发展典型案例》一书的出版恰逢其时，该书聚焦海南自由贸易试验区建设下服务贸易发展，从壮大市场主体、服务贸易便利、扩大双向开放和提升行政效能四个方面遴选出15个海南服务贸易创新发展典型案例，每个案例都体现了海南在服务贸易创新发展方面所做出的大胆尝试，都体现出了“海南特色”和“海南品牌”，这些典型案例有效实施，以及由此复制推广到更多领域，必将推动海南服务贸易发展再上一个新的台阶。

诚然，当前海南服务贸易的发展还处于“由线及面”的过渡阶段，很多案例成效还有待实践的进一步检验，但是我始终相信“长风破浪会有时，直挂云帆济沧海”，海南人民必将展现出“雄关漫道真如铁，而今迈步从头越”的豪迈气概，积极进取，不断地将海南的服务贸易发展和自由贸易试验区建设推向一个又一个高峰。

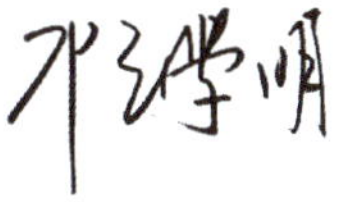

商务部国际贸易经济合作研究院院长

前言

服务贸易是我国扩大开放、拓展发展空间的重要着力点和增长点，已成为推动全面深化改革开放、促进整体经济平衡、实现可持续发展的新动力。2016 年国务院全面启动服务贸易创新发展试点，旨在推进服务贸易便利化和自由化，构建法治化、国际化、便利化营商环境，打造服务贸易制度创新高地。2018 年，国务院决定在海南等 17 个地区开展深化服务贸易试点工作，为期两年。海南为全面贯彻《国务院关于同意开展服务贸易创新发展试点的批复》精神，切实做好服务贸易创新发展试点工作，制定《海南省深化服务贸易创新发展试点实施方案》，以省政府办公厅名义印发实施。试点以来，在旅游、教育、医疗健康、运输、文化体育娱乐、保险、服务外包、中医药八个方面取得了积极成效，使海南省在服务贸易创新发展的管理体制、促进机制、政策体系和监管模式等方面的探索取得积极成果，法治化、国际化、便利化的营商环境逐步完善。

2018 年 4 月 13 日，习近平总书记在庆祝海南建省办经济特区 30 周年大会上郑重宣布，党中央决定支持海南全岛建设自由贸易试验区，支持海南逐步探索、稳步推进中国特色自由贸易港建设，分步骤、分阶段建立自由贸易港政策和制度体系。这是党中央着眼于国际国内发展大局，深入研究、统筹考虑、科学谋划作出的重大决策，是彰显我国扩大对外开放、积极推进经济全球化决心的重大举措。在发展方向、发展目的、主要任务以及重点领域等方面，服务贸易创新发展试点与自由贸易试验区和中国特色自由贸易港建设有着高度的契合，可以说海南自由贸易试验区建设是服务贸易创新试点的“升级版”和“加强版”。两年前的服务贸易创新发展试点优化了外贸结构，为自由贸易试验区和中国特色自由贸易港建设打下了坚实的制度基础。未来，海南省仍将以深化服务贸易创新发展试点为抓手，进一步优化营商环境，夯实制度基础、产业基础，大力推进海南自由贸易试验区和中国特色自由贸易港建设。

基于此，为了总结海南服务贸易创新试点以及自由贸易试验区建设以来的宝贵经验，提出可复制可推广政策方向，海南省商务厅会同海南大学经济学院成立了“中国（海南）自由贸易试验区服务贸易创新发展典型案例”课题组，从服务贸易创新试点以及自由贸易试验区建设以来出台的服务贸易政策实践中整理出15个典型案例，从案例背景、主要做法、主要创新、案例启示以及专家点评几个方面对这15个案例进行系统梳理和分析。为了尽可能获取第一手的素材，课题组先后组织召开了十余场座谈会，并深入服务贸易创新试点相关职能部门、企事业单位、行业协会、游客集散中心等进行调研。同时，先后三次邀请全国各地知名研究机构的专家和学者进行案例点评。在书稿撰写过程中，海南省商务厅、海南省卫生健康委员会、海南省旅游和文化广电体育厅、海南省公安厅、海南省教育厅、海南省交通厅、海口海关、海南省公安边防总队、三亚市中医学院等单位给予了大力的支持和帮助，在此课题组向各职能部门表示诚挚的感谢！

乘风破浪潮头立，扬帆起航正当时。习近平总书记宣布建设海南自由贸易试验区初逾一年，中国特色自由贸易港制度框架探索已提上日程。《中国（海南）自由贸易试验区服务贸易创新发展典型案例》适时出版，谨以此书抛砖引玉，希望能尽我们绵薄之力，为加快建设海南自由贸易试验区和中国特色自由贸易港提供智力支持和决策参考。

编者

2019年8月

目录

Contents

第一篇

壮大市场主体

创新案例一

打造中医药健康旅游和服务贸易示范基地

图片来源：三亚市中医院

一、案例背景

海南的生态得天独厚，如何依托独特的地理优势、生态优势和资源优势，在借力海南全岛建设自贸试验区和中国特色自贸港的新政策红利基础上，走出一条具海南特色、与国际接轨的大健康产业发展之路？海南服务贸易规模小、产业主体少、基础薄弱，其在服务贸易领域是否能够借助自身独特优势发展高端服务贸易？本案例中三亚市中医院在打造中医药健康旅游和服务贸易示范基地方面的举措和取得的成效给予了启示和借鉴意义。

2017年海南省中医药管理局牵头制定了《中医药健康旅游和服务贸易示范基地建设规范》地方标准，海口市中医医院、三亚市中医院、琼海市中医院获批成为2017年海南省中医药健康旅游和服务贸易示范基地建设单位。其中，三亚市中医院紧紧围绕海南省地方标准《中医药健康旅游服务贸易示范基地建设规范》和《中医药服务贸易服务规范》内容，勇敢探索，积极推进，取得了显著的成效。

三亚市中医院成立于1992年，2012年被国家中医药管理局评为三级甲等中医医院，是国家中医药服务贸易先行先试骨干机构、中医药健康旅游示范基地和中国—亚欧国家中医药疗养国际合作基地，也是海南省中医药健康旅游和服务贸易示范基地、海南省中医药文化宣传基地，肩负着在中医药服务贸易领域创新机制先行先试，拓展中医药服务领域和内容，培育中医药服务贸易国际知名机构和品牌产品的任务。

二、主要做法

（一）政策发展

自2016年《海南中医药服务贸易创新发展试点实施方案》出台至今，海南省颁布了一系列政策举措，扶持海南中医药服务贸易发展，如图1－1所示。

2016年12月《海南省中医药健康服务发展“十三五”规划》发布，提出“允许省公立中医医院（含中·西医结合医院）在保障基本医疗服务前提下，使用医院资产的30%以下，设立独立法人、独立运营的营利性中医药健康服务机构实体，或者与社会资本合作，成立混合所有制的营利性中医药机构（以下简称新实体机构）提供特需的中医药健康服务。”海南省以商务部、国家中医药管理局把三亚市中医院列入国家中医药服务贸易先行先试骨干机构为契机，在三亚市中医院开展中医药服务贸易体制机制

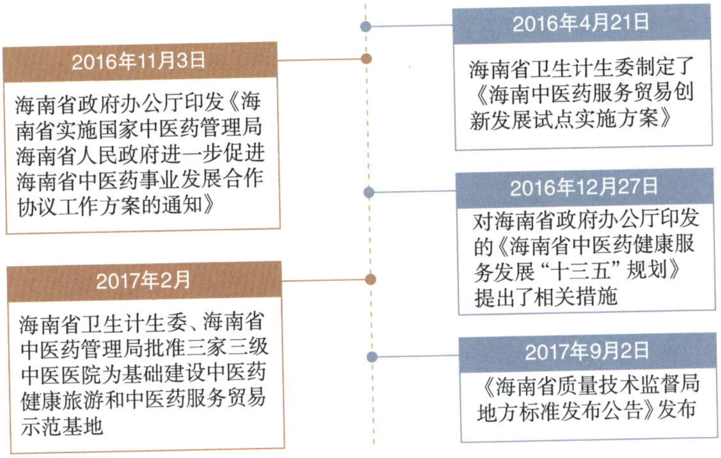

图 1－1 中医药服务贸易试点相关重要政策发展历程概况

创新发展先行试点，指导三亚国际友好中医疗养院（三亚市中医院三期项目）探索设立独立法人、独立运营的中医药服务贸易机构。2017 年 2 月，海南省进一步批准三家三级中医医院为基础中医药健康旅游和中医药服务贸易示范基地（图 1－2）。

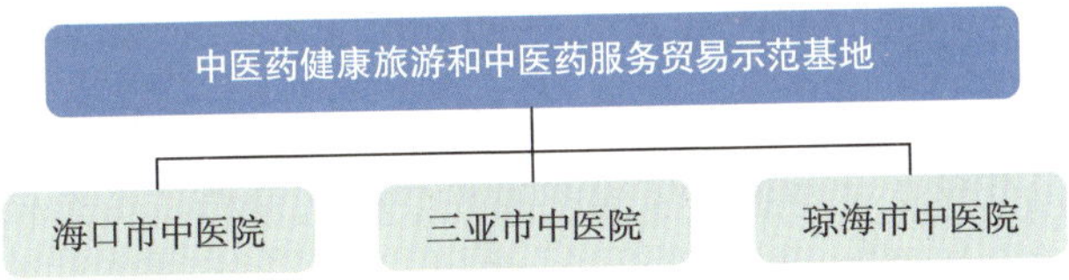

图 1－2 中医药健康旅游和中医药服务贸易示范基地

2017 年 9 月，《海南省质量技术监督局地方标准批准发布公告》发布，批准了《中医药服务贸易服务规范》《中医药健康旅游与服务贸易示范基地建设规范》两项地方标准。

（二）三亚市中医院的主要做法

三亚市中医院积极响应国家及海南省赋予的各项先行先试政策，为建设服务贸易示范基地做出了许多努力，包括创立国际旅行社、建立中医药健康旅游和服务贸易实体机构等（图 1－3）。

图 1－3　三亚市中医院主要做法

1. 首创公立医院国际旅行社——三亚欣欣荣中医疗养国际旅行社

三亚欣欣荣中医疗养国际旅行社成立于 2012 年，设立专门的对外营销队伍和翻译人员，积极为医院做好对外推介工作，通过参加展览会、推介会等方式寻求境内外合作伙伴。

三亚市中医院通过旗下三亚欣欣荣中医疗养国际旅行社拓展境外业务，共同合作开展中医诊疗、教育、科研等工作，以推动中医药服务贸易纵深发展。近几年来，与独联体国家的 5 家机构保持长久合作关系。同时为了创新服务，为疗养客人制定 VIP 疗养旅游套餐和健康旅游路线，共制定了 9 条健康旅游路线、6 种健康旅游套餐，进一步为三亚国际友好中医疗养院提供更人性化的疗养服务。

2. 建立中医药健康旅游和服务贸易实体机构——三亚国际友好中医疗养院

三亚国际友好中医疗养院成立于 2016 年，总投资为 16926 万元，建筑面积为 23125. 74 平方米，疗养院是集中医药特色诊疗、中医药特色康复疗养、中医药特色养生、中医药文化体验与三亚特色旅游相结合的中医药康复疗养院和三亚市中医药健康旅游体验服务中心（图 1－4）。

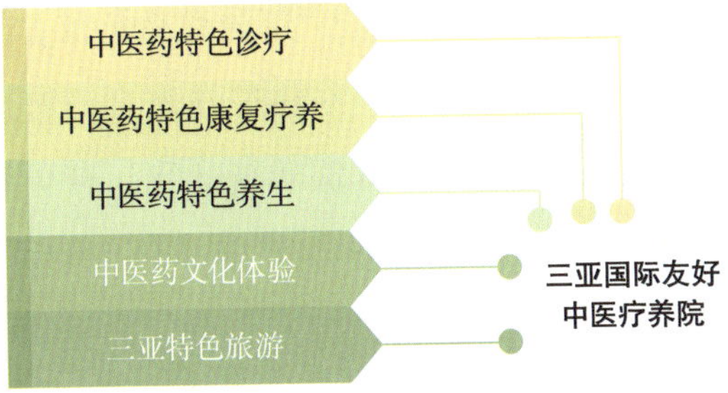

图 1－4　三亚国际友好中医疗养院主要特色

3. 建设海棠湾·上工谷中医药康养小镇

早在 2010 年，《关于推进海南国际旅游岛建设发展的若干意见》即提到 2020 年海南要基本建成国际旅游岛，免税等利好政策不断出台。而随着自贸试验区、自贸港的建设推进，离岛免税政策将进一步放开，同时大众消费升级与人口老龄化“拐点”下热带旅游需求持续增加产生双重叠加效应，这将为海南发展大健康产业提供强劲动力。

作为立足三亚、辐射海南、面向全球的中医养生与旅游度假融合发展建设项目，海棠湾·上工谷中医药康养小镇的打造，高度契合海南发展战略及未来趋势，其以中医药产业、健康服务业及特色农业为依托，以“旅游＋”为纽带，以文化为特色，以健康为亮点的“跨界整合实现旅游＋”的产业集群模式，势必迎来高速发展期。首先，海南全岛建设自由贸易区，打造自由贸易港，无论在政策扶持、产业升级，以及在交通、教育、公共设施等投资环境方面都会进一步改善，海棠湾·上工谷将分享到巨大“政策红利”，其投资发展潜力不可小看。而入驻上工谷的商家，亦均会跟着受益。其次，海棠湾·上工谷建设及其打造国际中医药贸易平台、老字号商企孵化基地、国际运动医学及康复中心等一系列创新举措，都将形成独特影响力，必将在海南自由贸易港建设过程中占据重要位置，发挥重要的促进作用。另外，海棠湾·上工谷项目作为未来自由贸易港的重点建设特色项目，游览的游客将会收获更多的利益，特别是在“入境游便捷”“国际高端康养医疗服务”“部分商品免税、减税、退税”等方面。随着海南自贸港的全面建设，必将带动海棠湾·上工谷建设跃上一个新台阶，成为独具影响力的康养旅游新地标，开创健康养生与旅游度假的新模式。

4. 研发系列健康旅游产品

医院自主研发和引进“喜松堂”系列产品共计 18 大类，285 种产品（图 1－5）。

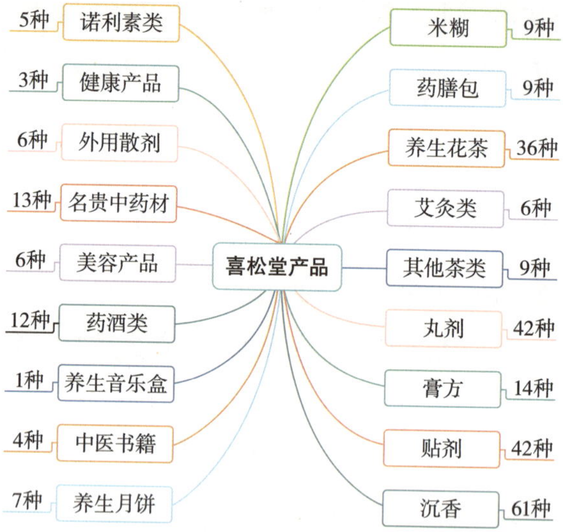

图 1－5　三亚市中医院自主研发健康旅游产品种类

5. 开展国内外宣传推介和中医体验活动

近几年，为进一步推动中医药放眼世界，三亚中医院积极实施“走出去”战略，分别参加美国、俄罗斯、哈萨克斯坦、塔吉克斯坦、吉尔吉斯斯坦、德国、韩国、中国香港等地举办的国际医疗旅游展会十余场，国内大型展览会及相关论坛几十余场。分别通过发表主题演讲、参与主题展、中医体验活动等方式促进了中医药健康旅游的宣传推广与市场开拓，同时保持与国内、省内新闻媒体的广泛合作，并通过博客、微博、微信等网络软件，即时发布医院新闻动态和健康旅游信息，不断加大三亚中医药健康旅游的正面宣传力度（图1－6）。

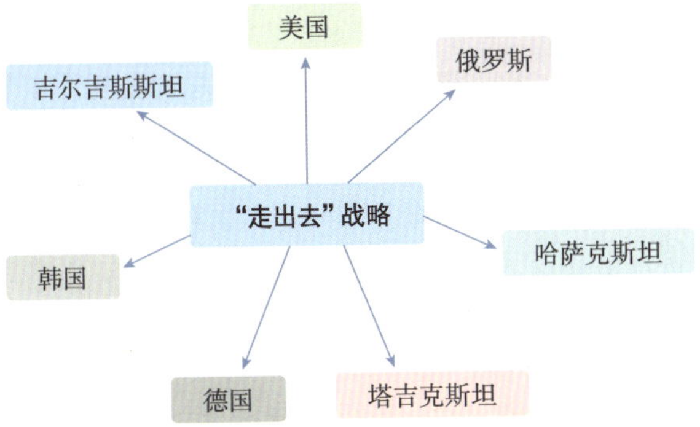

图1－6　三亚市中医院“走出去”战略涉及国家

2015年由中华国际医疗旅游协会（CIHMTA）、国际医疗旅游职业认证理事会（TEMOS）主办，三亚市中医院承办，三亚中医健康旅游协会、三亚欣欣荣中医疗养国际旅行社协办的国际医疗健康旅游职业认证暨“丝绸之路”医疗健康旅游国际峰会胜利召开。峰会上，三亚市中医院接受了国家中医药管理局关于“首批中医药国际合作专项建设单位——中医药健康旅游示范基地”的授牌，以及中华国际医疗旅游协会关于“医疗健康旅游国际认证体系产业示范基地”的授牌。这意味着三亚市中医院将对标国际一流标准，不断改进和提升医疗服务质量与医疗安全水平。三亚市中医院特色立院，中医服务国家外交，打造中医药健康旅游旗舰，到目前为止累计接待了近6万名外宾；汇聚名家，构筑中医人才高地，助力“医疗健康养生天堂”发展，工作站全国知名专家达百余人；创新管理，荣获国家示范基地，担当国际旅游消费中心建设中医人的责任。

小资料

发挥中医温泉特色

2015 年 11 月，吉尔吉斯斯坦共和国前总理詹托罗・萨特巴尔季耶夫及其夫人来三亚体验中医药温泉保健，大加赞誉。随后，他还邀请项目团队到吉尔吉斯斯坦开展中医药健康旅游。2016 年 6 月，第一批俄罗斯脑瘫患儿慕名来到三亚，开始为期 3 个月的中医药康复治疗之旅，体验中医药健康旅游特色产品——中医药温泉医疗与脑瘫患儿康复治疗。三亚的中医药温泉医疗项目从 2014 年开始运行以来，迅速得到推广。现在，三亚正积极升级并开发多处温泉项目，均引进中医药温泉特色。

资料来源：《中国卫生》杂志

6. 开通中医药文化游路线

2018 年 5 月，海南实施 59 国人员入境旅游免签政策，新政的实施，为中医药服务贸易的开展拓宽了渠道。2018 年 8 月，三亚中医院与三亚最大的俄罗斯包机社开展合作，将中医文化游作为三亚境外团的旅游路线之一。自合作开展至今，共计接待境外中医文化参观团 150 余批，合计接待 3000 余人。其中，参观团中日均有 20 余人接受中医理疗或购买健康保健产品，中医药健康旅游的发展至少可以带动三亚 3 条产业链的发展，中医药文化游路线不仅带动了三亚中医院业务的增长，同时也推动了三亚市相关产业的发展。

中医药是优秀的文化资源，弘扬好这一资源，是繁荣中华文化的有力举措。三亚市中医院在中医药文化内涵上狠下功夫，在医院院区规划布局中药“百草园”，且在其中巧妙地设置了中医典故。2018 年 6 月，三亚市中医院被正式确认为海南省第一批中医药文化宣传教育基地。三亚市中医院每天进出的外国游客络绎不绝。他们成群结队，在专业导游的带领下，了解中医药、认识中医药、体验中医药。文化资源的宣传进一步普及中医药文化，促进中华文化走向世界，提高了我国的国家软实力。

7. 设立境外中医诊所

三亚中医院积极响应国家“一带一路”倡议，推进中医药“走出去”，利用医院资源，与哈萨克斯坦阿拉木图中医中心合作设立三亚市中医院阿拉木图中医中心，目的是利用三亚明显的季节性因素，推动中医“走出去”，同时为了更好地“引进来”解决淡季不淡的问题。该中心于2017年年底正式挂牌，这是海南省首家“走出去”的公立医院。2018年6月，医院陆续派遣专业的医务人员前往中心坐诊，由于受行医资质的限制，无法很好地开展工作，经过多轮沟通，于同年9月落实哈萨克斯坦阿拉木图的工作签证，并制定了三亚市中医院阿拉木图中医中心境外派驻人员方案，确定岗位、薪酬和人员名单，决定向该中心派驻3人。

三、主要创新

（一）中医药服务贸易发展势头良好

中医药健康旅游和服务贸易示范基地认证标准以及服务贸易示范基地的建立，促进了海南中医院服务贸易的迅速发展。

2018年，三亚市中医院新开发中医药疗养项目7个，健康产品18大类285种，以及中医药疗养基础套餐4种，成功申报中国—亚欧国家中医药疗养国际合作基地，三亚市中医院接待外宾11796人次，同比增长50%。其中，外宾参观考察团100余批次，总收入411.4万元，同比增长28%。2018年组织了博鳌一龄生命养护中心，成功举办博鳌—乌克兰中医药康养之旅，接待乌克兰游客264人。2018年，社会办医的三亚大东海太极中医门诊部诊疗外宾14400人次，总收入2000多万元；三亚浪琴坞中医门诊部诊疗外宾 4204 人次，总收入 621 万元。

（二）中医药健康产业与服务贸易协同发展，获得较好的社会反响

海南省中医药健康旅游和服务贸易示范基地的建设得到了新华社、中国日报、中央电视台四套、俄语频道新闻节目等媒体的积极关注，并高度赞扬海南省充分发挥生态环境优势，利用中医药特色优势，大力开展中医药服务贸易，获得良好协同效应。国务院服务贸易发展部际联席会议办公室《服务贸易简报》于 2017 年 11 月 30 日以“中医药服务贸易已经成为海南省经济发展的新亮点”为题，肯定了海南省中医药服务贸易工作。2017 年 7 月 17 日，新华社以“中医悄然成为海南国际旅游新名片”为题报道了海南省中医药服务贸易工作。中国日报英文版分别以“TCM tourism attracts Russians to Hainan”和“Sanya：Attraction of TCM benefits region”为题报道了海南省中医药服务贸易对俄罗斯游客的巨大吸引力。2018 年 6 月 5 日，中国国际文化交流基金会与三亚市中医院建立战略合作关系，强强联合共同在国内外宣传中医药文化、中医养生等知识，扩大中医药文化国际影响力。

（三）首创中医康复疗养游模式

2012 年，三亚市中医院成立三亚欣欣荣中医疗养国际旅行社，属公立医院首创。旅行社专门为国内外游客提供专业的、私人定制的中医药健康服务，目前开发的中医药健康旅游套餐“智慧冬休之旅”和“候鸟康养之旅”已成为三亚中医药健康旅游品牌产品。2016 年初，三亚市中医院旗下三亚国际友好中医疗养院正式开业，这是我国第一家公立医院成立的中医药健康服务实体机构。疗养院奉行“上工治未病”的中医思想，遵循“天人合一”的健康理念，继续强化“中医药健康旅游”国际客源市场。开业至今，有德国、俄罗斯等国际旅行商来考察洽谈，瑞典、荷兰、丹麦、卢森堡、瑞士等国的医学学员来学习取经，俄罗斯脑瘫儿童家庭来寻药问

诊，并与俄罗斯脑瘫医疗机构签订了服务合同。随着日渐成熟的服务体系建立，三亚国际友好中医疗养院已成为全省乃至全国的中医药健康旅游骨干机构（图 1－7）。

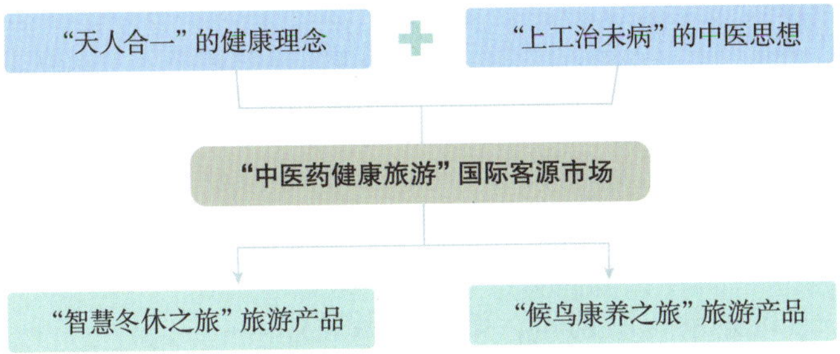

图 1－7　三亚市中医院中医康复疗养游模式

三亚健康旅游示范基地建设工程

小资料

功能定位：以三亚国家健康旅游示范基地建设为主体，加快中医药特色健康旅游发展，打造具有全球影响力的中医药特色健康旅游集群和中医药服务贸易基地，引领全国中医药健康旅游服务发展。

发展目标：到 2025 年，国家健康旅游示范基地建设取得显著成效，中医药健康旅游服务体系持续完善，在国内率先建立中医药健康旅游认证体系，建立自贸试验区体系下的中医药健康旅游行业标准和规范，基本形成支撑中医药健康旅游发展的国际化服务设施和服务标准规范体系，接待国内外中医药健康旅游服务人次在 2018 年基础上翻一番，依托优势中医医疗机构打造 5 个国际中医药健康旅游特色基地，塑造海南中医药健康旅游服务知名品牌。

资料来源：《中国卫生》杂志

四、案例启示

中医药旅游具有独特的贸易特点，可以冲破现行世界贸易体制中的壁垒，是全球外包服务业链条中价值最高的产业之一。三亚市中医院利用海南得天独厚的自然环境和旅游资源，发挥中医药优势，发展中医健康旅游，加快推进中医药服务贸易，具有一定的国际影响力和规模。从案例中可以得到以下启示。

（一）通过体制机制创新，破解资源瓶颈

三亚中医院为与国际高端游客的中医旅游需求对接，成立三亚欣欣荣中医疗养国际旅行社有限公司，成为海南医院系统内唯一一家国际旅行社，接待境外游客不再依赖原来仅有的几家具有出境资质的旅行社，有效破解了打开国际中医旅游高端市场的难题，符合“二八定律”——利用20%的优势品牌资源吸引80%的市场份额，为海南发展高端服务贸易发挥示范效应。为了提供更高效、更优质的中医药服务，三亚市中医院成立独立运营机构——三亚国际友好中医疗养院，全面采用现代企业管理模式开展市场化运作，产权结构和业务机构清晰，为后续引入社会资本和开展集团化运作奠定良好的基础。

（二）结合中医药服务贸易发展特点，选择与市场发展成熟度相适应的服务贸易发展模式

在开拓市场初期，以“引进来”为主，重点发展境外消费的服务贸易模式。通过实施59国免签、成立针对中医药跨境服务的旅行社、开展JCI认证等措施为境外医疗旅游群体来琼就医创造便利条件，通过自主研发中医药健康产品“喜松堂”品牌提高服务贸易附加值，同时积极吸引境外消费者在华接受中医药诊疗、中医药养生保健、中医药教育培训、中医药旅游等服务，更好地满足境外游客多样化消费需求。

在市场成熟阶段，重点发展“商业存在”服务贸易提供方式，通过中医药服务“走出去”，在国外开办中医医院、中医诊所、中医学校以及中医药文化中心、中医药体验中心，提升服务贸易出口规模，达到发展中医药产业、推广中医药文化的战略目标。

（三）产业融合是助力“中医药+”跨越发展的重要推手

伴随着技术创新步伐的加快，在不同的产业领域内，产业融合以不同的方式演进，最终将促成整个产业结构的高度化、合理化，并构架出融合型的产业新体系。从市场角度，产业融合可分为需求方面的融合和供给方面的融合。“中医药+旅游”这种中医药健康旅游新业态是旅游、中医药产业需求端融合产生的结果，能将境外游客旅游休闲的需求和康养疗养的需求较好渗透融合在一起，促进消费升级。“中医药+互联网”属于供给端的产业融合模式，主要是以“互联网+”为手段，结合大数据、人工智能等新一代信息技术，扩展医疗服务空间和内容，基于健康医疗大数据创新发展互联网医院、远程医疗、医疗人工智能等新型业态。这种产业融合方式打破了传统中医药服务的技术边界、市场边界，拓展中医药服务贸易的跨境交付和境外消费内涵。

（四）依托独特优势资源，发展多样化康复疗养服务业

海南省依托独特的气候条件和丰富的温泉、冷泉、森林、高负氧离子空气、富硒土等资源，以及南药、黎药和海洋药物等特色，通过药浴、针灸、中药民族药药疗等多样化服务形式，面向国内外市场提供高品质健康疗养、慢性病疗养、职业病疗养、运动康复、老年病疗养等健康产品和服务。以打造具有海南特色的气候治疗服务业态为基准，面向儿童、老年人等重点人群开展全球领先的气候治疗服务项目，发展特殊治疗服务；同时，研究发掘海南温泉、沙疗等医疗保健机理，培育一批服务模式整合连续、技术水平过硬、标准规范健全的高水平特殊治疗机构。

五、专家点评

发展健康旅游和服务贸易是海南省自贸区建设的重点内容。三亚中医院基于业务优势和具有吸引力的独特地理位置，顺势而为强化健康旅游内容，并且在这一主旨下在服务贸易方面做出了突破性成绩，主要体现在以下几个方面。

一是确立独具特色的产品。三亚中医院充分发挥独特的地理气候和自然资源优势，整合院内及院外中医药资源，满足现代消费者对健康的需求，将中医院的健康产品优势与旅游服务相结合，提供具有特色的系列性健康旅游产品。自 2012 年国内公立医院首创中医药疗养国际社取得一定成效以来，2014 年又提供健康旅游的特色产品——温泉医疗项目，发展健康旅游，此后不断丰富产品线，如从中医诊疗到中医理疗、健康调理等服务产品。融合有形产品与无形服务，发展了中医药种植、中医药医疗服务、中医药健康养老产品。2018 年度，三亚中医院接待外宾 11796 人次，同比增长 50%。其中，外宾参观考察团 100 余批次，总收入 411.4 万元，同比增长 28%。

二是高起点视野，契合国家战略需求。在自身产品受到市场欢迎的基础上，三亚中医院在不断整合医疗资源的基础上，重点发展“治未病”服务体系、中医药康复体系。该院依托良好的发展势头，积极配合并夯实《三亚市加快医疗健康产业发展行动计划 2016—2020》《海南省医疗健康产业发展“十三五”规划》等发展规划的具体内容，最终被国家卫计委、发改委、财政部、旅游局、国家中医药管理局纳入国家首批健康旅游示范基地。三亚中医院与海南省诸多健康产品服务机构的做法，契合了 2018 年中共中央、国务院《关于支持海南全面深化改革开放的指导意见》中以“健康旅游”为海南省发展特色旅游的战略要求。

三是不断丰富创新服务贸易的形式与内容。在特色产品得到国家及地区高度认可的过程中，三亚中医院强化服务贸易形式，首创了公立医院国际旅行社，跨区域融入海棠湾·上工谷中医药康养小镇设点建设，且与北京中医药大学合作筹建三亚国际中医康复中心。在股权构成、组织架构、运营管理过程中不断创新，围绕开发个人定制式的VIP疗养旅游套餐、制定健康旅游路线、跨主业经营中医药文化旅游等内容进行创新。三亚中医院仅2017年上半年接待外宾6000余人次，同比增长217%。正是三亚中医院的服务创新，为三亚市由观光旅游向养生度假型健康旅游方向的转变提供了可能。

三亚中医院的创新特色，在业务内容层面抓住了中医药服务创新。在服务导向上不断强化健康与旅游的深度融合，依此开拓了高端旅游服务市场。在组织架构层面采取颠覆式创新，以高端需求为导向，打破公立医院的组织藩篱开拓市场。在格局视野层面高屋建瓴地把握政策导向，将自身的医疗健康服务与国家战略有机结合，不拘泥于地方非省会城市格局，创新中医药健康旅游产业，发展服务贸易。

点评专家：海南医学院管理学院教授　马东

创新案例二

创立服务外包孵化器——海南网易联合创新中心

图片来源：网易联合创新中心

一、案例背景

在新一轮的全球产业转移浪潮中，中国逐步成为全球现代信息服务外包转移的重要目的地之一。海南省服务外包起步较晚，基础薄弱，与服务外包产业起步较早的其他地区存在较大的差距，在建设自由贸易试验区和中国特色自由贸易港的新时代背景下，如何利用新政策红利从供需两侧培育和激发服务外包产业新动能，成为政府和相关企业关注的重点。由海南省商务厅携手网易集团、海南英立科技共同打造的科技类企业服务平台——海南网易联合创新中心（以下简称“中心”），为海南相关产业如何实现从无到有并借助互联网势能不断成长、助推产业集群发展提供借鉴意义。

小资料

关于孵化器的定义，中国在孵化器概念和角色认同上的多元化是有着其特殊性的。在“十二五”规划中，孵化器的概念已经不再具体界定，而仅仅在括号中标注其外延包括“高新技术创业服务中心、留学人员创业园、国际企业孵化器等创业孵化载体”。于是，孵化器被不断贴上“社会公益型科技服务机构”“科技产业化服务机构”“培育和扶植高新技术中小企业的服务机构”“促进和实现高新技术产业化的社会经济组织”等各种标签；同时，各种标签又不断在“国家创新系统”“高新区”“高新技术产业”“战略新兴产业”等意义群落中得到重新阐释。

资料来源：《科学学研究》

二、主要做法

网易联合创新中心是由网易公司、海南英立科技联合网易集团、海南省商务厅三方共同打造的科技类创新创业服务平台，指定由海南云创众创信息咨询服务有限公司负责整体运营。主要做法如图 2－1 所示：

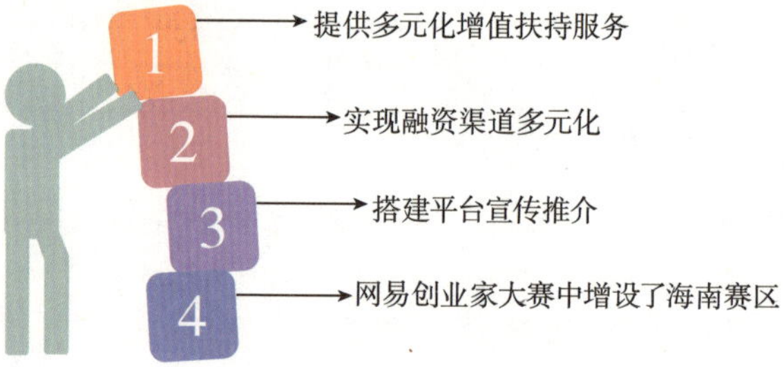

图 2－1　创立服务外包孵化器——海南网易联合创新中心主要做法

（一）提供多元化增值扶持服务

创新中心旨在大量培养创新型、技术型、外包型人才，为海南省当地输送一批具有高成长性的优质企业，同时也和省内各大高校建立校企合作，为大学生搭建良好的创业平台，享受相关的创业支持，提升海南省在服务外包发展、“一带一路”建设和创新创业发展的影响力。结合网易的各项资源优势，并以创新中心为载体，为入驻企业提供网易特有的云服务资源、云计算大数据技术扶持、在线云课堂培训资源、创业导师辅导、市场活动支持、创业大赛及企业融资对接等与创业相关的多元化增值扶持服务，促进入驻企业发展壮大，打造区域服务外包、双创示范、“一带一路”示范基地。逐步扩大高新技术企业规模，充分发挥企业创新主体作用，为符合申报高新技术企业条件的企业做好贴身服务，协调做好高新技术企业申报认定各项工作。通过宣传培训、孵化育成体系建设、专利布局、科技金融、专业化服务、落实优惠、发展科技服务业等综合性措施，全方位多元化为高新技术企业持续健康发展服务。

（二）实现融资渠道多元化

海南省积极推动海南网易联合创新中心招商和运营，为创新中心提供资金扶持，拓宽服务外包企业投融资渠道。鼓励金融机构按照风险可控、商业可持续原则，创新符合监管政策、适应服务外包产业特点的金融产品和服务，推动开展应收账款质押、专利及版权等知识产权质押。支持政策性金融机构在有关部门和监管机构的指导下依法合规创新发展，加大对服务外包企业开拓国际市场、开展境外并购等业务的支持力度，加强服务外包重点项目建设。鼓励保险机构创新保险产品，提升保险服务，扩大出口信用保险规模和覆盖面，提高承保和理赔效率。利用现有资金政策，引导融资担保机构加强对服务外包中小企业的融资担保服务。支持符合条件的服务外包企业进入中小企业板、创业板、中小企业股份转让系统融资。支持符合条件的服务外包企业通过发行企业债券、公司债券、非金融企业债务融资工具等方式扩大融资，实现融资渠道多元化。

（三）搭建平台宣传推介

海南省积极推进“走出去”战略，在科隆国际游戏展、中国文化贸易展、经贸交流活动、中国（北京）国际服务贸易交易会和海南国际旅游贸易博览会等重要会展上搭建平台宣传推介，带领创新中心招商人员赴新加坡、马来西亚、菲律宾等东南亚国家洽谈交流合作事宜。

（四）网易创业家大赛中增设海南赛区

网易公司为支持海南联合创新中心建设，在2018年网易创业家大赛中增设了海南赛区，把好的企业、创业团队和设计理念带到海南。网易中国创业家大赛（CITC）是目前国内规模最大、资源最成熟、影响力最大的科技领域赛事。此次大赛面向文化娱乐、消费升级、企业服务、前沿科技等领域，招募具有创新能力和高成长潜力的非上市企业，预计发放价值175万元的扶持资金给海南赛区优胜者。根据大赛奖项设置，在海南分赛区，优胜者还将会获得四方面资源：1年网易云服务资源；网易联合创新中心在线学习平台账号；1年免费入驻海南网易联合创新中心；享有最高税务减免政策等。

小资料

海南网易联合创新中心自2018年7月正式挂牌以来，已入驻企业32家，培训服务外包人才、创新人才、技术型人才近2592人，而且承办了2018网易创业家大赛海南赛区活动。承接服务外包公司的核心是技术，关键在人才。所以要通过加强规划引导，科学谋划服务外包产业集聚区布局，发挥产业集聚区引领带动作用；通过加大财政支持力度、完善税收政策、加强金融服务以及提升便利化水平等，培育一批创新和竞争能力强、集成水平高的龙头企业，扶持一批“专、精、特、新”中小型企业。这样才能为留住人才创造条件。

资料来源：海南省商务厅

三、主要创新

（一）全方位提供特色化和定制化的创新创业服务

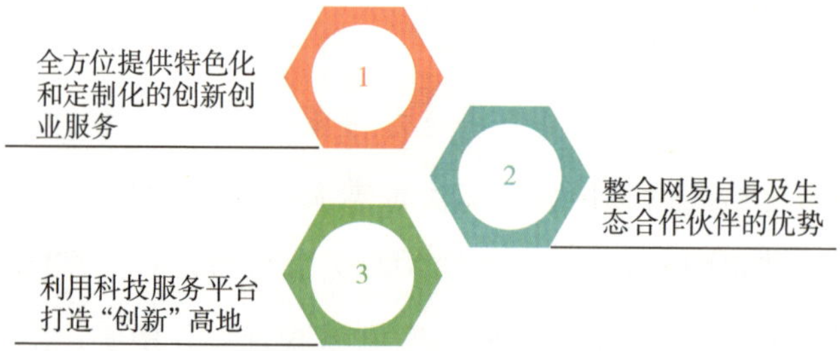

图2-2 创立服务外包孵化器——海南网易联合创新中心主要创新

海南通过“3+N”赋能体系，全方位提供特色化和定制化的创新创业服务，吸引动漫游戏、电子商务、文化创意、云计算、大数据和人工智能等各类创新创业人才和企业进入海南网易联合创新中心，提升了海南省服务外包发展以及创新创业发展的影响力。“3＋N”赋能体系即线下产业服务空间、线上创新服务平台、产业互联网平台三大平台。“N”指N项赋能，即网易联合创新中心整合网易自身及生态合作伙伴在前沿技术、在线教育、内容产业、新闻传媒、资本等方面的优势资源，为入驻企业提供技术、人才、市场、资本和生态等方面的资源（图2－2）。

（二）整合网易自身及生态合作伙伴的优势

网易联合创新中心整合网易自身及生态合作伙伴，在前沿技术、在线教育、内容产业、新闻传媒、资本等方面的优势资源，为入驻企业提供网易特有的云服务资源、云计算大数据技术扶持、在线云课堂培训资源、创业导师辅导、市场活动支持、创业大赛及企业融资对接等与创业相关的多元化增值扶持服务，促进入驻企业发展壮大，打造区域服务外包、双创示范、“一带一路”示范基地。

（三）利用科技服务平台打造“创新”高地

海南服务外包产业基础薄弱，不能单纯靠补贴扶持企业发展长大，如何利用平台经济打造制度创新高地，增强企业发展驱动力和势能显得尤为重要。一方面，利用平台的资源、技术优势招募具有创新能力和高成长潜力的企业进行孵化，注重企业的培育与市场引导；另一方面，加强对高新技术企业及培育对象的跟踪服务，引导企业在发展核心外包能力、科技人才培养、产业及市场布局、科技成果转化能力提升等方面加大投入力度。

四、案例启示

近年来，我国服务外包产业稳步发展，规模迅速扩大，而海南省服务外包产业的发展水平在全国范围内仍处于相对靠后的位置。但从服务贸易的发展趋势和发展要素角度而言，海南省发展服务外包具有可塑性。海南网易联合创新中心面向服务外包、双创示范、“一带一路”三个方向，为园区内企业提供云服务资源、人才培训服务、市场活动支持、创业大赛及企业融资对接等创业相关服务，取得了一系列阶段性成果。给我们带来的启示如下。

（一）服务外包孵化器让一个产业实现从无到有“零基础”发展

2016 年之前，海南承接国际离岸服务外包企业中，年收汇额超过 50 万美元的仅有一家，海南在服务外包领域几乎属于“零基础”，很多企业甚至不知道自身从事的行业属于服务外包。2018 年，海南网易联合创新中心稳定运营后，7 个月内聚集了 37 个优秀的服务外包企业和创业团队。

创新是小微企业和创业团队唯一的生存途径，他们是一个行业中最活跃、最具奋斗精神、最强的因素。服务外包孵化器以服务外包中小微企业和创业团队为对象，为入孵企业提供政策、管理、法律、财务、融资、市场推广和培训等方面的服务，以降低企业的创业风险和创业成本，提高企业的成活率和成功率，让企业从承接外包业务成长到能够自主开发产品，从而为社会培育一批发展成熟的高技术企业。海南网易联合创新中心是一个重要的承接国际服务外包孵化器，面向国际市场，大量培养创新型、技术型人才，对接国际发包资源，为企业和团队提供市场，同时，网易中心指导企业通过承接服务外包业务锻炼队伍、培养新人、磨炼技术、积累经验、开拓市场，为海南省当地输送一批具有高成长性的优质企业，从而在“零基础”上实现相关服务产业的发展。

（二）孵化器找到适合的盈利点是持续运营的基础

目前，国内的优秀产业孵化器都具有良好的盈利模式，跳出以场地租金为主要受益的盈利模式，能够在产业运营服务和盈利之间找到平衡点，实现持续运营。海南网易中心的特色功能定位是服务外包，中心依托三大平台为入驻企业提供人工智能技术对接、云课堂资源、创业导师辅导、市场活动支持、创业大赛和企业融资对接等多元化增值扶持服务，吸引动漫游戏、电子商务、文化创意、云计算、大数据和人工智能等各类创新创业人才和企业进入，专业技术平台吸引了一批服务外包中小企业的集聚，这解决了企业“愿意来”的问题。中心与以往的综合性孵化器不同点不仅在于其专业化特色服务，更重要的是中心本身具有接包功能，通过自主在市场上承接外包业务然后再分包给企业，企业能直接获得收入来源，这样就避免了企业入驻后因难以匹配市场需求而找不到盈利点的局面，解决了企业可持续发展的难题。“平台经济 + 服务外包”模式为海南吸引服务外包企业入驻到助力企业发展壮大提供了新路径，根源在于能够在产业运营服务和盈利之间找到平衡点，实现多方利益。

（三）以网易联合创新中心为纽带，助推东盟及中国台港澳青年创新创业园发展

在中国与东盟这个 20 亿人口的区域经济体范围内，海南在地理区位上处于正中间的位置。尤其在中央赋予建设中国（海南）自由贸易试验区、中国特色自由贸易港的背景下，海南将成为人才、资本、信息、技术高度汇聚的重要节点。东盟地区互联网综合渗透率达 46%，是全球互联网用户增速最快的地区，数字产业存在巨大的增长空间，同时具有超越空间限制、产业融合度深、增长速度快的特征，是海南和东盟各国理想产业选择。网易联合创新中心在扩容的基础上积极发挥其作为科技类创新创业平台的集聚功能，吸引一批东盟及中国台港澳企业和创业青年入驻，为海南与东盟各国开展合作创造新契机。

五、专家点评

发展服务外包有利于提升服务业的技术水平、服务水平，推动服务业的国际化和出口，从而促进现代服务业的发展。当前，以服务外包、服务贸易以及高端制造业和技术研发环节转移为主要特征的新一轮世界产业结构调整正在兴起，为我国发展面向国际市场的现代服务业带来新的机遇。《中国（海南）自由贸易试验区总体方案》中强调，支持海南享受服务外包示范城市政策，建立特色服务出口基地。海南省发展服务外包产业不仅可以壮大服务外包产业市场主体，改善海南整体营商环境，同时也是扩大对外开放，推进海南自贸试验区和中国特色自贸港建设的重要抓手。

在服务外包产业起步晚，与其他地区差距巨大的背景下，海南发展服务外包产业必须由政府大力引导，企业积极参与，共同推动市场主体发展壮大和营商环境的不断优化。由网易公司、海南英立科技联合网易集团、海南省商务厅三方共同打造的服务外包孵化器——海南网易联合创新中心正是“政府搭台，企业唱戏”的典型案例。该平台旨在培养大量创新型、技术型、外包型人才，为海南省当地输送一批具有高成长性的优质企业。从目前推进的状况来看，总体情况良好。通过吸引企业入驻，培训服务外包各类型人才，承办2018网易创业家大赛海南赛区活动等举措对海南服务外包产业以及服务贸易发展起到积极的示范带动作用。

未来，这种“政府＋平台＋企业”的运作模式可以进一步推广到服务贸易其他领域，共同改善海南服务业营商环境，推进服务贸易创新发展。为此建议从以下几个方面进一步推动相关工作开展：一是要不断改善服务外包产业软硬环境。进一步改善城市通信、交通环境，为外包服务产业的新增就业人口提供成本低、配套完善的生活服务设施。同时，要完善行业标准与法律法规，加强社会治安综合治理、城市管理、社会服务等。二是加强琼港服务外包的合作，推进与香港的金融、物流、空港、创意设计等领域的全面合作，发展以跨国公司内部外包为主的服务外包业。三是充分利用网易孵化器平台重点突破，发展高新技术产业外包服务。随着新一轮信息技术，特别是大数据、物联网、人工智能等技术的快速发展与广泛应用，服务外包整合产业链提升价值链的作用越来越明显。在此大背景下，海南应紧紧抓住这一机遇，大力培育高新技术产业外包服务，着力培育海南外包品牌，促进服务质量提升，进一步深化与全球服务市场的交流合作，共同推进服务业的开放升级。

点评专家：中共海南省委政策研究室副主任　杨忠诚

创新案例三

打造博鳌超级医院“1＋X”全新共享医院模式

图片来源：公众号“博鳌超级医院”

一、案例背景

博鳌超级医院作为博鳌乐城国际医疗旅游先行区的标志性项目，在探索新的共享医院平台运营管理模式方面为社会办医提供了有效的借鉴意义。超级医院采用全新的“1＋X”共享医院模式，实现医药分离、医院分离，是我国医疗旅游先行先试的典范。超级医院的设立与发展背景可以概括为五个方面（图3－1）：

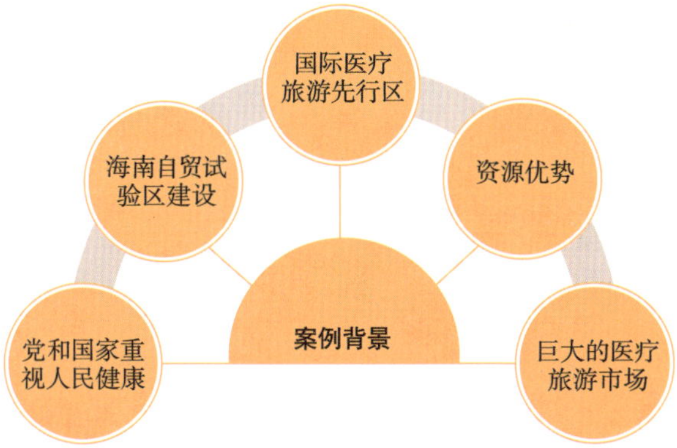

图3－1　探索建立博鳌乐城超级医院新模式背景

（一）党和国家将人民健康放在优先发展的战略地位

党的十八大以来，以习近平同志为核心的党中央把人民健康放在优先发展战略地位，全面推进健康中国建设，努力全方位、全周期保障人民健康。

（二）海南省政府将大健康产业纳入重点发展的十二大产业并全力推进

海南在建设自贸区、自贸港背景下，以实施大健康产业发展规划为抓手，加强顶层设计，全力打造医疗健康产业高地。

（三）“国九条”① 绿色通道助力博鳌超级医院积极探索中国医疗健康开放新领域

在国外已经使用的药品、设备和耗材，落户到国内需要3～5年的时

① “国九条”：第一，加快先行区医疗器械和药品进口注册审批；第二，按照医疗技术临床应用管理办法和医疗技术临床研究有关规定实施医疗技术准入；第三，卫生部门在审批先行区非公立医疗机构及其开设的诊疗科目时，对其执业范围内需配备且符合配置标准要求的大型医用设备可一并审批；第四，境外医师在先行区内执业时间试行放宽至三年；第五，允许境外资本在先行区内举办医疗机构；第六，对于今后先行区确需进口的、关税税率较高的部分医疗器械和药品，财政部要会同有关部门统筹研究适当降低进口关税；第七，根据先行区开发建设实际，适当增加海南省新增建设用地计划指标，涉及基本农田调整的，应按照国家法定程序报批；第八，支持并指导先行区引入生态、医疗、新能源等相关国际组织，承办国际会议；第九，鼓励先行区利用多种融资渠道，吸引社会投资。

间。而在博鳌乐城先行区，由于有了“国九条”的政策，在优先引进和使用这些药品、设备和耗材，以及开展新技术方面具有得天独厚的优势。

（四）充分利用已具备发展医疗旅游的资源优势

先行区生态资源丰富，超级医院的发展正是依托当地生态资源，试点发展医疗、养老、科研等国际医疗旅游相关产业，创建低碳低排放生态环境典范，丰富相关领域国内外合作交流平台。

（五）潜在医疗旅游市场巨大

据不完全统计，从 2016 年开始，每年有 60 万中国人到境外去求医问药，主要以去境外寻求最新的抗肿瘤药物晚期肿瘤患者为主。其次是健康体检和整形美容，且这个数字正在以 50% 的速度逐年递增，主要前往的国家有日本、美国、韩国、新加坡、泰国等地区。而全球的医疗旅游产值于 2017 年已达到 7000 亿美元，当前医疗旅游的消费数值还在持续增长。巨大的消费市场以及国内消费者外流，说明医疗旅游前景良好，但是我国医疗旅游发展滞缓，超级医院的建立正是抢占国际医疗旅游高端市场的有效途径，缓解了老百姓对健康新需求和目前医疗服务供给不平衡、不充分的矛盾。

二、主要做法

2018 年 3 月 31 日投入运营的博鳌超级医院，是先行区内第一家开工建设、第一家建成后试运营的综合性医疗机构。旨在进一步充分发挥“国九条”优惠政策优势，快速提高先行区整体医疗技术水平和创新能力，加快高端医疗技术聚集。

博鳌超级医院采用“1 + X”模式，即“一个共享医院（平台）+若干个专科”。其中，共享医院作为平台负责提供影像诊断、药学、门诊、实验诊断、管理等各种服务。各临床学科均由国内排名前三的学科组成，由临床医学领域工程院院士及顶尖医学学科带头人领衔（图3－2）。

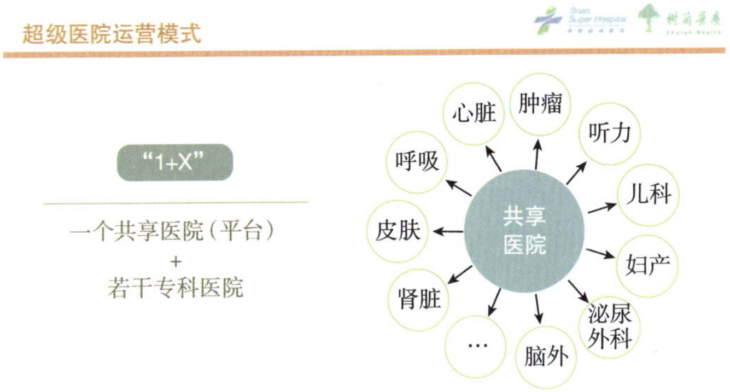

图3－2　超级医院运营模式

临床中心作为这一创新模式另一重要组成，与共享医院就像航空公司与飞机场的关系，双方结算体系清晰，完全采取市场化方式进行合作。不仅实现了医疗领域体制机制创新，更成为先进医疗技术临床应用和创新转化的高地。

目前，医院已有17个院士专家团队进驻，通过院士和其他顶尖学科带头人合作的模式，把全国最好的医疗团队、最领先的临床技术、全球顶级的设备都带到了博鳌超级医院，使之逐渐成为国内乃至国际上顶尖的医院。

三、主要创新

截至2018年12月17日，博鳌超级医院共接诊患者2233人，实施手术113台，其中特许产品手术26台，接种疫苗10500余人次，总营收为2900余万元。超级医院取得如此卓越的成果，源于其不断创新，其创新内容主要包括以下六个方面（图3－3）。

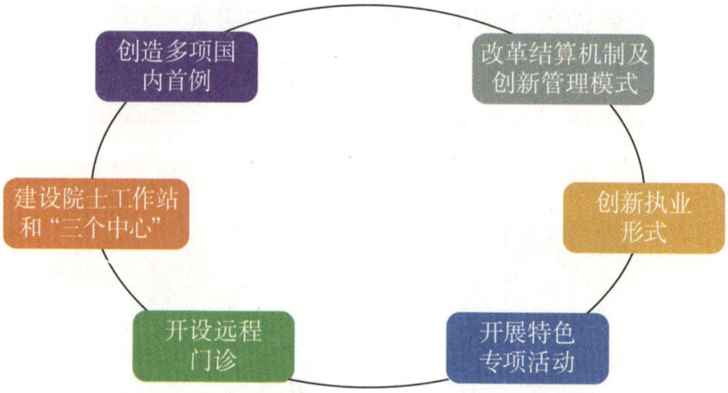

图3－3　博鳌超级医院主要创新示意

（一）创造多项国内首例

博鳌超级医院从2018年3月31日开业至今，已创造八项国内首例（表3－1）。

表3－1　博鳌超级医院创造的多项国内首例

序号	项目	累计数
1	首例特许人工角膜移植术	8台
2	首例特许人工耳蜗植入术	12台
3	首例特许美敦力蓝牙起搏器临床应用术	1台
4	首例全程可视暨磁电双定位心脏手术	2台
5	首例Micra TPS无导线心脏起搏器临床市场化植入术	1台
6	首例COMBO心脏支架临床应用	2个
7	首例治疗银屑病特效药苏金单抗的注射	60支
8	首针宫颈癌疫苗的注射	10164人次

注：累计数截至2018年12月17日。

除了以上八项国内首例外，超级医院还成功实施了多项重要手术或研究，主要包括以下几项。第一，2018年10月顺利完成了第一例干细胞移植治疗慢性阻塞性肺疾病（简称慢阻肺）研究，该研究是经由海南省卫生健康委员会备案，在博鳌乐城医疗旅游先行区开展的首例干细胞临床研究。第二，成功实施了海南省首例三焦点人工晶体植入手术。第三，成功实施海南省第二台口腔癌根治手术。第四，由郑树森院士主刀，完成国际级超高难度胰腺十二指肠切除手术。第五，成功使用美国FDA批准可用于治疗慢性荨麻疹的奥马珠单抗，目前已经有一位慢性荨麻疹患者在博鳌超级医院接受治疗。

小资料

博鳌超级医院成功植入全球最小心脏起搏器

2018 年 12 月 17 日，博鳌乐城国际医疗旅游先行区内的博鳌超级医院顺利完成我国首例 Micra TPS 无导线心脏起搏器临床市场化植入，此次植入的心脏起搏器是目前全球体积最小的心脏起搏器，也是首届中国国际进口博览会上所引进的高端医疗科技产品之一，本次手术的成功标志着海南省医疗卫生产业落实进博会成果相关方案的实施，凸显了乐城旅游医疗先行区和博鳌超级医院在成立伊始所确立的“释放世界能量”的愿景。

整个手术过程历时约 30 分钟，患者术后情况良好，目前已经转入病房留院观察，充分体现了 Micra 无导线起搏疗法给患者带来的实际获益巨大，在减轻患者病症的同时，降低了整体治疗费用，缓解了患者对于手术开销的担忧，治标、治本，更治心。

据专业人士介绍，本次手术植入的 Micra 无导线心脏起搏器，不久前刚刚成功亮相上海进博会，与普通起搏器不同，Micra 心脏起搏器不需要电极导线就可以进行起搏疗法治疗，植入心脏后可以附在心脏内壁上，通过末端的电极发出电脉冲进行起搏。由于不存在电极导线和埋藏在皮下的脉冲发生器，大大降低了并发症发生风险。Micra 体积不到普通起搏器十分之一，虽然体积很小，但兼容 MRI 核磁扫描，让患者可以放心接受先进的影像扫描诊断。需要特别强调的是，Micra 目前仅用于对右心室的单室起搏，适用于需要使用单腔起搏器患者。

资料来源：人民网—海南频道

小资料

中国内地首针九价 HPV 疫苗在海南博鳌超级医院接种

2018 年 5 月 30 日上午 9 点，九价 HPV 疫苗在博鳌超级医院和睦家医疗中心进行第一针接种，来自北京的史女士接种了九价 HPV 疫苗，这也是在我国内地接种的第一针九价宫颈癌疫苗。当天上午九点，史女士来到博鳌超级医院，在护士的帮助下进行预约确认。护士在确认其身份的真实性并且年龄符合 16 ~ 26 岁的要求之后，对史女士测量了血压等生命体征。之后，和睦家的医生又对史女士进行了病史询问并沟通了疫苗接种后的注意事项。接种完成后，在观察室等待三十分钟左右，史女士离开了博鳌超级医院。整个接种过程约一个小时。

博鳌超级医院和睦家医疗中心的九价 HPV 疫苗由厂商默沙东供应，疫苗运输的全过程都有严格的冷链监控，确保疫苗的质量和使用安全。和睦家疫苗储存系统配有完善的质量监控和报警响应机制，其中包括 24 小时电子冷链监控系统把控储存温度，以及相对应的分级预警机制让医院工作人员能随时响应并及时处理疫苗储存出现的问题。中心负责人员每周会对库存疫苗按批号进行盘点，并严格按疾控中心的指导处理过期和破损的疫苗。为了保障疫苗“落实”到人，所有预约者必须到博鳌和睦家医疗中心接种疫苗，不能采用其他方式将疫苗带离医疗中心。

资料来源：《海南日报》

（二）建设院士工作站和“三个中心”

海南省科技厅于 2018 年 12 月 23—27 日在《海南日报》上进行了 2018 年度“海南省院士工作站”设站的公示，博鳌超级医院成功设立了 8 个院士工作站。国家卫健委、科技部授予建立博鳌超级医院国家临床医学创新中心（筹）和省部共建先进技术临床医学研究中心，并成立省级——海南省先进医药技术临床医学研究中心。以下是博鳌超级医院院士工作站和“三个中心”建设情况（图3－4）。

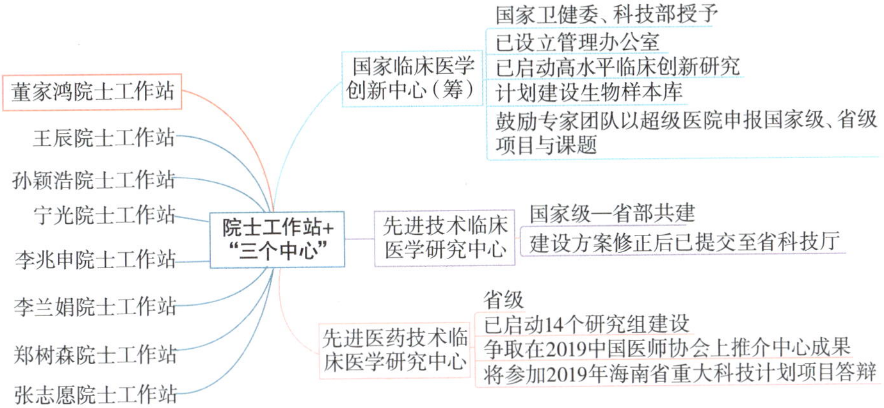

图3－4　院士工作站和“三个中心”建设示意图

目前8个院士工作站的建设工作正在筹备中，“三个中心”目前已取得初步成效。其中临床医学创新中心（筹）已设立管理办公室，各部门分工逐步明确；已启动高水平临床创新研究，开展课题项目申报等；对接培植医疗，启动GCP临床药理/器械基地备案工作；购买冰箱等大型设备，计划建设生物样本库；鼓励专家团队以超级医院为申报单位，开展国家级、省级项目及课题申报。先进技术临床医学研究中心由国家和省部共建，现已根据科技部的意见重新修订建设方案后，提交至省科技厅。先进医药技术临床医学研究中心现已与省科技厅签订了年度建设方案和任务书，已启动14个研究组建设：感染病研究组、肝胆胰外科研究组、耳鼻咽喉科研究组、泌尿外科研究组、口腔颌面外科研究组、呼吸内科研究组、内分泌代谢病研究组、眼视光眼科研究组、心脏病研究组、整复外科研究组、消化内镜研究组、干细胞研究组、精准诊断研究组、肿瘤研究组；中心争取明年在博鳌举办的中国医师协会感染病学分会上与国内外专家进行交流，推介超级医院及超级医院感染病中心。

（三）开设远程门诊

为满足患者医疗需求，博鳌超级医院依托高科技网络技术传输及远程视频系统，每周开展“院士远程门诊”。目前已开通远程门诊的院士或教授达12人（图3－5）。

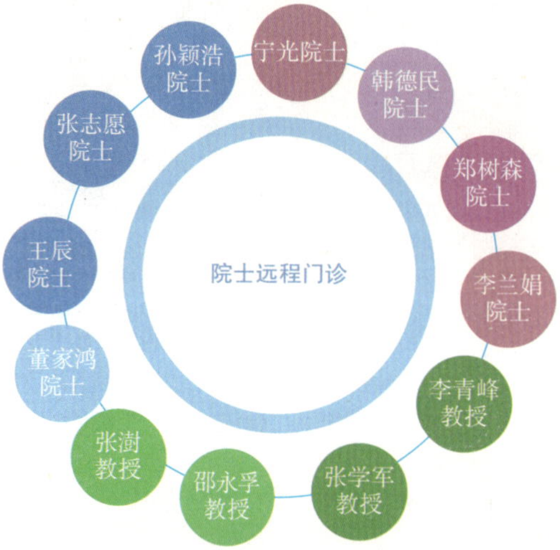

图3－5　已开设远程门诊的院士或教授

（四）开展特色专项活动

2018年11月11日，“健康中国·院士专家海南行”系列活动在海口成功举办。17个院士和专家团队与博鳌超级医院签订了合作协议，将开展更加广泛深入的合作，为患者提供高端的医疗健康服务。双方将提供切实可行方案，推动先行区在国际领先医疗技术准入、国际化医疗服务、国际化医疗质量管理、新药品、新器械、新生态引入等方面的跨越发展，聚集优质医疗资源，共同建设大健康产业。

（五）创新执业形式

博鳌超级医院各临床专科由国内排名前三的专科组成，目前已有17个临床医学领域工程院院士及顶尖医学学科带头人领衔，组建团队以各专科临床中心的形式进驻。各临床医学中心分别设立有限责任公司，承担独立法人机构的相关职责，同时学科领衔人发起和成立医师集团公司，采取多点执业形式在临床医学中心开展执业。

（六）改革结算机制及创新管理模式

患者向临床医学中心付费购买医疗服务，收费标准由临床医学中心自行划定。临床医学中心向共享医院（平台）租用病房、手术室等无服务设施，购买影像、检验、病理等医技科室服务等。

博鳌超级医院实行理事会领导下院长负责制，并委托专业化管理团队经营管理。管理团队由树兰医疗管理集团派驻，负责医院的日常运行，并引入国际 JCI 医院管理团队和成熟的国际化医院运营模式。

四、案例启示

（一）共享经济在医疗领域的深度应用为拓展服务贸易发展空间提供借鉴

博鳌超级医院的“共享医院平台＋临床医学中心”的合作模式本质上是共享经济在医疗健康服务产业的深度应用。共享经济赋予医疗健康产业新动能在于：首先平台集聚了国际高新医疗器械、进口医疗产品和高端服务，主要用于满足专科临床医学中心和先行区内部、周围医疗机构共享的使用需求。共享医院（平台），统一配备手术室、病房和医学检验中心等公共科室，临床医学中心向共享医院（平台）租用病房、手术室等无服务设施，购买影像、检验、病理等医技科室服务等。其次对接了一批高端医疗市场需求，尤其是需要使用进口医疗产品和服务的需求，依托共享医院平台对接供需方，通过市场化运营方式不断促成新产业链、新业态的形成。这种共享经济在医疗领域的应用模式开辟了海南发展国际高端医疗旅游市场的新局面，同时也为其他领域在服务贸易的境外消费拓展新方式、开辟新路径提供了很好的借鉴。

（二）提供优质稀缺、相对成本低的资源和服务是吸引国内外消费人群的根本

国内人群选择来海南就医而非北京、上海这些优质医疗资源集中的城市，关键在于消费者能够在博鳌用到其他地方没有的药品和医疗器械。“国九条”政策中包括加快医疗器械和药品进口注册审批，适当降低部分医疗器械和药品进口关税，允许申报开展干细胞临床研究等，通过为患者提供国际先进医疗技术服务，尤其是优先进口急需的国外药品，这种途径能把一部分出国看病的国人吸引过来。从远期来看，海南本土的经济发展水平、人口基数、总体消费水平都无法支撑国际医疗旅游业务的发展，对标全球医疗旅游目的地，海南要真正实现国际医疗旅游的功能，吸引国外消费者来海南就医、旅游，就需要提供与发达国家相比更具比较优势的产品和服务，如相对成本更低、专业学科服务更有竞争力等。这将会吸引全国、“一带一路”沿线国家甚至发达国家人群来海南就医，在医疗健康产业壮大的同时，也不断带动酒店、会展、旅游行业发展。

（三）产业化运营是核心，配套的事中事后监管辅以保障

超级医院的运营一方面要解决患者是否方便、是否愿意来就医的问题。59 国免签政策为国外消费人群来海南提供了便利条件，“国九条”政策和院士领衔的专科特色则为进口产品的使用和享受优质专业服务提供了保障，但是政策力量只是前期推动医院建设基础，真正运营的核心在于优化产业运营体系，提供相对成本低、优质的产品和服务，集聚高端医疗中心和人才资源不断促成研究成果产业化，为后续医院的技术创新和服务优化提供源泉，以达到实现自主培育消费市场的目标。另一方面需要解决患者留得住、就医效果有保障的问题。这就需要逐步建立先行区进口药品和医疗器械的事中事后监管体系，通过坚持统筹协调，突出重点，正确处理

事前、事中、事后监管的关系，正确处理特殊监管和一般监管的关系，对事关人民生命健康和公共安全的食品药品和特种设备，严格实施全程监管，同时通过对市场主体资格、市场交易和竞争行为、产品商品质量等事项强化事中事后监管，有效维护了市场秩序，全方位保障服务质量。

五、专家点评

习近平主席在首届中国国际进口博览会开幕式上的主旨演讲中指出，“加快电信、教育、医疗、文化等领域开放进程”。在服务贸易与服务业市场开放直接融合的背景下，海南自由贸易港要形成服务贸易主导的突出特色和独特优势，重点、难点、焦点在服务业市场对内对外的全面开放。以博鳌乐城国际医疗旅游先行区为突破口，以超级医院为平台，加快健康医疗服务业市场全面开放，可以起到以点带面的重要作用。有利于带动服务业转型升级，尽快形成高新技术、现代服务业为主的经济结构；有利于推动以服务业市场开放为重点的区域全面开放，为从“区”到“港”奠定重要基础；有利于促进服务贸易创新发展，为我国积极主动参与国际高标准自贸协定和投资协定提供高压力测试。

随着全国健康医疗产业的开放进程的加快，博鳌乐城医疗旅游先行区必须有更开放的政策和举措，才能领先于全国。因此，提出以下三点建议：

（一）支持在博鳌乐城国际医疗旅游先行区实行更加开放的医疗健康产业政策

允许国内外有专利技术、有研发资源的企业与个人通过独资、合资、合作等多种方式在先行区开展基因诊断治疗、干细胞、新药及仿制药等研发活动，将先行区打造成为高端医疗研发基地；简化药物、技术临床试验申请与审批程序，允许先行区内健康医疗机构与国外相关机构合作，同步开展国外药品与医疗技术的临床试验，打造国际新药、新医疗技术试验与应用基地。

（二）支持将博鳌乐城国际医疗旅游先行区政策实施范围扩大到全岛，并进一步拓展政策深度

尽快将先行区除“干细胞临床研究”外的其他开放政策扩大到全岛。进一步取消境外资本设立医疗机构的股比限制；取消对进口药品“急需、少量”的限制，允许海南在安全评估与适用范围限定的前提下，自主确定进口药品与医疗器械的数量与种类；将进口药品审批权限下放给海南省。

（三）支持在海南试点全面引进欧美日医疗药品管理标准

对已在日本、美国和欧盟通过标准评估的药品与医疗器械，可自动获得认证，无须开展临床试验直接在海南博鳌乐城医疗旅游先行区使用；采用欧美的医药标准，逐步实现已经上市但未达到新标准的药品退市。

点评专家：中国（海南）改革发展研究院研究员　夏锋

第二篇

服务贸易便利化

创新案例四

创建海南自由贸易（HNFT）账户

图片来源：摄图网

一、案例背景

2018 年 4 月，党中央、国务院决定支持海南全岛建设自由贸易试验区，支持海南逐步探索、稳步推进中国特色自由贸易港建设，分步骤、分阶段建立自由贸易港政策和制度体系。为积极探索海南自贸试验区和中国特色自贸港建设的金融改革开放与创新，海南省委、省政府将建设海南自由贸易账户体系作为重点推进的十二个先导性项目之一，要求人民银行海口中心支行牵头落实。经过多方调研和讨论，人民银行海口中心支行选择了建设基本规则与上海自由贸易账户体系相同的海南自由贸易账户体系作为基本工作方案，并积极向人民银行总行申请。2018 年 9 月 15 日，中国人民银行总行正式批复海南自由贸易账户体系建设方案，同意在海南自由贸易试验区建设自由贸易账户体系。

海南 FT 账户是一套以人民币为本位币、账户规则统一、兼顾本外币风险差别管理的本外币可兑换账户。我国自贸试验区建设探索中金融开放创新是重要内容，而 FT 账户是重中之重。建立海南自由贸易（HNFT）账户是扩大金融开放，探索开展人民币资本项目可兑换，促进自由贸易试验区企业跨境投融资便利化，稳妥有序开展离岸金融业务的重大举措。自贸试验区的金融运行更加开放，更要依托自由贸易账户对跨境资金实行双向调节，实现人民币资金的优化配置，进一步拓宽企业的融资渠道，从而深化海南自贸试验区的金融改革。

小资料

自由贸易账户的定义和特点

自由贸易账户是一套以人民币为本位币、账户规则统一、兼顾本外币风险差别管理的可兑换账户。该账户体系为自贸试验区金融改革提供了一个“电子围网”式的金融监管环境。在金融机构层面设立分账核算单元，以分账核算管理的方式将自由贸易账户业务与现有普通账户业务进行隔离，在金融机构层面架构了风险防火墙机制，具体要求是“标识分设、分账核算、独立出表、专项报告、自求平衡”。自由贸易账户主要包括以下三个特点：

（1）本外币账户规则统一。自由贸易账户遵循“一线放开、二线管理”的划转规则。“一线放开”是指跨境一线资金流动按宏观审慎原则实施管理。即人民银行灵活运用固定工具和可变工具建立起防范跨境资金流动引起系统性风险。“二线管理”是指境内二线按可兑换推进程度实施有限渗透框架。具体包括金融机构层面（通过对金融机构清算账户余额的动态管理实现）和实体经济层面（通过设置同名、异名账户资金的划转规则实现）不同层级的防渗透机制。

（2）自由贸易账户具备可兑换功能。相较于一般账户，自由贸易账户的可兑换管理主要分为三个层次：一是对实现可兑换的业务（含经常项目和直接投资业务），自由贸易账户内资金可兑换。二是对自贸区涉及的部分投融资创新业务，自由贸易账户内资金可根据实际业务需要进行兑换。三是涉及特定高风险业务的自由贸易账户内资金按人民银行制定的相关细则进行兑换。

（3）自由贸易账户依照不同主体设置。依照不同主体，自由贸易账户分为五类：

一是区内机构自由贸易账户。账号前缀标识为“FTE”。适用对象为区内机构和在试验区内注册的个体工商户。FTE 账户是自由贸易账户中最主要的账户。

二是境外机构自由贸易账户。账号前缀标识为“FTN”。适用对象为境外机构，只能在自贸区内已经建成 FTU 的金融机构开设账户。

三是同业机构自由贸易账户。账号前缀标识为“FTU”。适用对象为其他金融机构的试验区分账核算单元和境外金融机构。

四是境内个人自由贸易账户。账号前缀标识为“FTI”。适用对象为区内个人。

五是区内境外个人自由贸易账户。账号前缀标识为“FTF”。适用对象为区内境外个人，且账户只能开立在区内已经设立 FTU 的金融机构。

资料来源：中国人民银行海口中心支行

二、主要做法

自2018年9月人民银行批复同意设立海南自由贸易账户体系以来，短短数月，FT账户的建设一直在稳步推进。2018年12月14日，由海南省商务厅与中国银行海南省分行联合举办的FT账户政策及运用推介会在海口举行，以帮助企业更好地了解FT账户政策。2018年12月28日，FT账户体系进入试运行阶段（图4-1）。

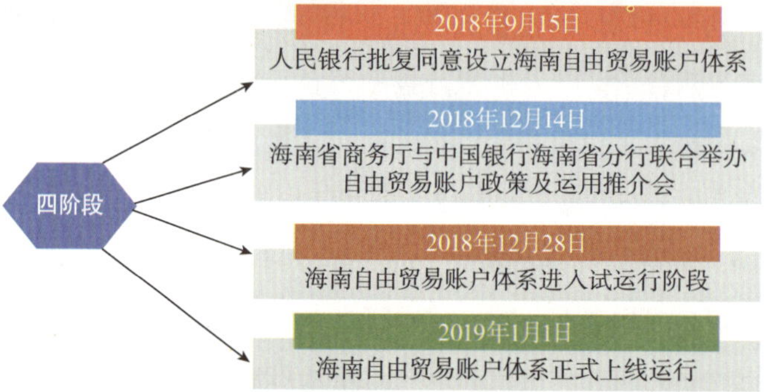

图4-1　海南省自由贸易账户体系建设发展情况

（一）成立领导小组并制定工作方案

人民银行总行批复同意设立海南自由贸易账户后，人民银行海口中心支行立即设立海南FT账户体系建设工作领导小组，全面领导协调FT账户服务工作。领导小组由人民银行海口中心支行行长担任组长，各分管副行长担任副组长，成员部门由货币信贷处、金融稳定处、支付结算处、国库处、国际收支处、经常项目处等相关职能部门组成，具体承办FT账户的日常服务工作。以2019年1月1日海南FT账户体系正式上线为时间节点倒排工期，抓紧各个方面的工作，积极推动与FT账户体系相配套的分账核算业务和分账核算业务风险审慎管理实则两个实施细则尽快出台，并且制定了《中国人民银行海口中心支行关于推进海南自由贸易账户体系建设的工作方案》，并报备人民银行总行。

（二）制定自由贸易账户体系实施细则

2018 年 10 月中旬，海南省将商业银行开展 FT 账户业务的重要制度《海南自贸区（港）分账核算业务风险审慎管理实施细则（试行）》（以下简称《实施细则》）上报中国人民银行总行，并于 12 月 25 日获人民银行总行批复同意。2018 年 12 月 26 日，人民银行海口中心支行向所辖内的金融机构下发《海南自贸区（港）分账核算业务风险审慎管理细则（试行）》，顺利进入 FT 账户试运行阶段，要求银行机构按照《实施细则》推进金融系统建设及开展业务。在试运行过程中，中国银行海南省分行为客户开户快捷高效，业务处理顺畅有序，系统运行情况良好，与人民银行系统对接顺利，为正式上线奠定了坚实基础。

（三）组织开展系列调研学习活动

为力推海南 FT 账户体系早日申请通过并上线运营，人民银行海口中心支行 2018 年 7 月曾邀请上海总部自由贸易账户体系的专家团队来海口授课；2018 年 9 月 27—29 日，海口 FT 账户体系建设工作领导小组派员赴上海总部调研学习 FT 账户的金融监测管理和日常运营等信息技术；10 月以来，先后分三次分别邀请浦发银行、民生银行和平安银行上海自贸区分行专家团队授课；10 月下旬，人民银行海口中心支行派员赴上海总部跟班学习 FT 账户监测系统操作；11 月 20 日起，持续保持两人跟班学习并开展与海南辖内银行间系统的联调联试工作，直到 FT 账户系统正式上线（图 4－2）。

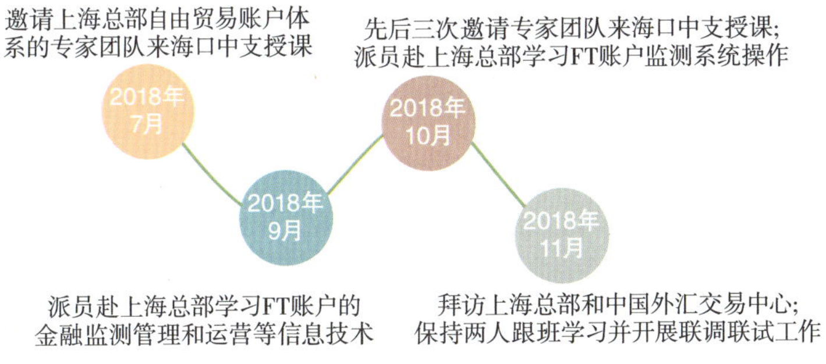

图 4－2 建设 FT 账户所开展的调研学习情况

（四）完成各项评估工作，海南 FT 账户体系上线试运行

2018 年 12 月 6 日，人民银行海口中心支行会同上海总部跨境人民币业务部，对中国银行海南省分行、浦发银行海口分行的 FT 分账核算系统开展了准入评估。12 月 27 日，中国银行海南省分行、浦发银行海口分行向海口中支递交自评估报告，海口中支完成对两家银行的分账核算业务风险审慎合格评估后下发接入自贸区资金监控系统（FTZMIS）的通知。两家银行都于 12 月 28 日试运行办理海南自由贸易账户相关业务，完成业务系统内部改造测试及与 FTZMIS 的联调联试，于 2019 年 1 月 1 日正式上线运行 FT 账户（图 4－3）。交通银行、招商银行、工商银行、兴业银行、平安银行、民生银行、中信银行等省（或海口）分行多家辖内银行机构也正积极开展人员培训、系统测试和制度建设等准备工作，将在 2019 年上半年陆续上线 FT 账户。

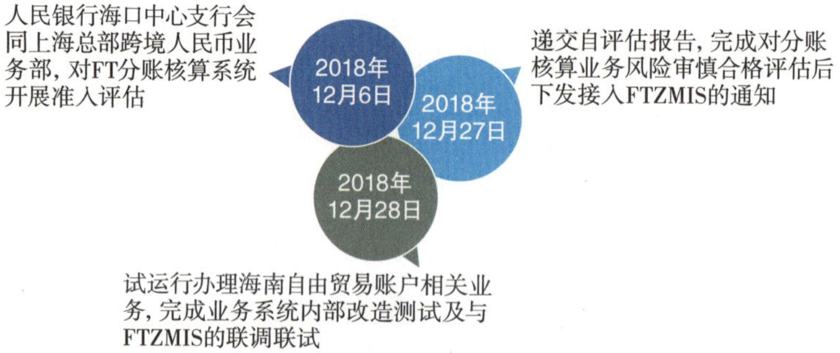

图 4－3　海南 FT 账户体系建设过程的评估工作情况

（五）举办大型 FT 账户专题讲座

2019 年 1 月 11 日，海南省国资委与中国银行海南省分行在海口联合举办“海南自由贸易账户政策及运用”讲座暨《FT 账户开户意向协议》签署仪式。参会人员包括海南省国资委、中国银行海南省分行、17 家驻琼央企和 16 家地方国企负责人及有关人员共 200 人。其间，中国银行上海市分行的自贸区金融专家通过介绍和分析“自由贸易账户政策”和“自由贸易账户运用案例”，以便让与会企业更好地了解 FT 账户，更好地分享海南

自贸区特殊政策和金融创新红利。企业与中国银行海南省分行签署《FT账户开户意向协议》，为更多的企业“走出去”搭建了一个畅通的桥梁及平台，从而在积极参与自贸试验区建设中实现发展壮大的目标。

小资料

为更多国企“走出去”搭建高位平台

自2019年1月1日海南FT账户体系正式上线后，海南省举办的首场大型自由贸易账户政策及运用讲座暨《FT账户开户意向协议》签署仪式在海口举行。讲座结束后，中国银行海南省分行与21家参会国企签署《FT账户开户意向协议》。会上，来自中国银行上海市分行的两位自贸区金融专家分别做了自由贸易账户政策介绍及自由贸易账户运用案例分析，并与现场企业代表进行互动交流。

中国银行海南省分行行长常冰雁表示，该行是海南省FT账户首批试点单位之一，目前开立FT账户已超过1000户，初步实现了“地域覆盖最广、开户客户最多、业务品种最全、授信业务突破、业务办理顺畅”的目标。海南中行将以自由贸易账户体系为平台，对接企业需求，探索金融创新，实现银企双赢。此次FT账户专题讲座是推广海南FT账户的重要步骤，将通过企银双方的合作，对实体经济投资贸易便利化、“走出去和引进来”具有积极的促进作用。

资料来源：《海南日报》数字版

三、主要创新

海南自由贸易账户体系的正式上线是推进海南自由贸易试验区的重大举措，也是海南自贸区建设的里程碑。FT账户试运行阶段，开立账户的个人和企业纷纷点赞FT业务办理的高效率，不仅实现了自由贸易账户体系下的多品种首发，而且创新资金流通渠道，为企业提供了更大的便利（图4-4）。

图4-4　海南自由贸易账户体系建设的主要创新

（一）实现海南FT账户体系下多个品种业务首发

自2019年1月1日海南自由贸易账户正式上线运营起，其已实现FT体系下多个品种业务首发，包括首笔进口付汇、首笔出口收汇、首笔FTE出口信用证项下的押汇和首笔远期结汇、首笔FTN出口信用证项下的押汇、首笔国际信用证等（图4-5），除了覆盖存贷款、汇兑、结算、贸易融资、外汇资金保值外，还利用政策红利，首发实现了非居民的离岸结算和贸易融资。FT账户按照“一线便利，二线管理”的原则规范账户收支管理，让跨境金融、贸易金融、自贸区金融创新和海外离岸金融等方面更加便利，企业和个人依托FT账户政策优势，在跨境结算和跨境投融资等多个领域开展业务。

图4-5　海南自由贸易账户的多个品种业务首发

（二）业务办理高效便捷，系统运行顺畅有序

中国银行海南省分行在省委省政府和人民银行的统一部署下，按照

《实施细则》及自由贸易账户业务相关制度，督促其他商业银行按时高质量完成了系统开发、案例测试、制度制定、业务授权、全员培训等准备工作。对申请开展自由贸易账户业务的商业银行开展准入评估等工作，为FT账户体系的试运行和正式上线做好了充分准备。2018年12月28日，FT账户体系进入试运行阶段。在试运行过程中，中国银行海南省分行为企业与个人办理业务快捷高效，与人民银行系统对接顺利。开户当天全岛89家网点办理FT业务，客户覆盖中国石化海南炼油化工有限公司、海南农垦投资控股集团、海航航空控股公司等多家海南省重点企业，涵盖旅游、热带特色高效农业、互联网等10个重点产业，实现开户客户最多，地域覆盖最广。

小资料

海南自由贸易账户系统平稳运行，业务有序开展

截至2019年1月3日，账户开立方面，省内商业银行共开立各类FT账户975户，其中FTE（区内机构）账户971户，FTU（金融机构同业）账户2户，FTN（境外机构）账户2户。各类FT账户人民币资金余额1152.19万元，外币资金余额折合人民币2672.6万元。开户企业既包括中免集团、中石化和中船重工等央企，也包括海航集团、海南农垦、海南港航、海南橡胶、海南春光等省重点企业，涵盖了旅游、热带特色高效农业、互联网、医疗健康、现代金融、现代物流、油气、低碳制造、房地产、高新技术等重点产业。FT账户资金跨境收付方面，区内FT账户与境内普通账户之间累计收支总额为2062.1万元，区内FT账户与境外账户之间累计收支折合人民币323.68万元。FT账户融资方面，对FT账户主体融资授信放款三笔，客户为区内机构（FTE），放款金额共折合人民币3197.99万元。

资料来源：中国人民银行海口中心支行

（三）创新资金流通渠道，构建安全金融环境

海南 FT 账户体系是海南自由贸易试验区的重要金融基础设施，也是一项含金量非常高的重要金融制度创新。它是海南省金融机构根据客户需要在分账核算单元开立的规则统一的本外币账户，按照“一线便利，二线管理”的原则规范账户收支管理，一套以人民币为本位币、账户规则统一、兼顾本外币风险差别管理的本外币可兑换账户体系。2019 年 1 月 1 日，海南自由贸易账户体系的正式上线运行，标志着海南省自由贸易区的金融领域改革创新进入一个新阶段，创新了资金流通渠道，提高投资者的投融资效率，有利于企业拓展国际市场。金融环境更加稳固，为自贸区的金融创新提供更加安全的空间，营造优良的营商环境。

四、案例启示

金融领域的改革开放是海南自贸试验区、中国特色自贸港建设的重要内容，也是其他领域对外开放的重要支撑。从中国香港、新加坡、鹿特丹、迪拜这些典型自由港的发展经验来看，金融开放不仅包括金融业以及金融市场的开放，也涵盖跨境资本的自由流动等方面。在中国人民银行的支持下，海南自由贸易账户（HNFT）的上线运行，减少了以往各种专户关于资金划转以及结售汇等方面的限制，资金跨境流动更加便捷高效。同时，海南自由贸易账户体系放宽跨境双向人民币资金池准入限制，也为落户海南的外资企业打通了境外资金入境渠道。

（一）海南 FT 账户体系的建立是实行高水平的贸易和投资自由化便利化政策的重要举措，是探索中国特色自由贸易港建设的重要实施路径

在跨境资金监管体系中，自由贸易账户在较大程度被视同为“境外账户”。通过构建“自由贸易账户体系”，实质上在试验区内形成了一个与境

内其他市场有限隔离、与国际金融市场高度接轨的金融环境，以服务于更加广泛的涉外经济活动需求。海南 FT 账户体系的成功上线运行是海南自贸试验区和中国特色自贸港建设进程中的重要举措之一，也是扩大金融市场开放和防范金融风险的一项重要制度安排。以前企业做跨境投资交易要根据交易的性质开设多种账户，交易时需要提供相关贸易背景材料，而在 FT 账户下只用给银行一个指令，就可以对外互换。中国银行海南省分行已为香港逸盛有限公司办理海南自贸区首笔境外机构自由贸易账户非居民业务授信，额度 360 余万美元。香港逸盛有限公司与海南有业务往来，FT 账户下的授信直接以美元形式发放，这不仅实现了海南 FT 账户项下授信业务的突破，也为利用 FT 账户体系对客户提供授信融资支持进行了有效探索。此外，企业既可以选择境内汇率，又可以选择离岸汇率，有助于节约企业的汇兑成本。依托 FT 账户，海南自贸区可以为企业参与跨境并购及境外资本市场业务提供综合金融服务，进一步拓宽融资渠道，是实行高水平的贸易和投资自由化便利化的重要举措，也是建设中国特色自由贸易港的重要实施路径。

（二）以实体经济需求为导向，推进自由贸易账户体系创新

自贸试验区作为一种新型的开放模式，它不是金融特区，更不是一块"飞地"。我国建设试验区的目标，是要发挥示范带动、服务全国的积极作用，促进各地区共同发展。金融也是如此，自贸试验区金融改革的出发点和落脚点是服务实体经济，服务自贸试验区的投资贸易活动。投融资汇兑便利化是自贸区企业的基本需求，也是跨境投资贸易活动中金融业要给予的基本便利，涉及资本项目可兑换。下一步金融改革的着力点，将以推动对国家金融总体局面影响较小、最大限度满足企业投融资需求的投融资汇兑便利化、金融监管负面清单管理为重点，同时严格风险管理，防止大规模套利资金的冲击。

（三）以自由贸易账户开放为抓手，倒逼金融风险监管体制创新

自贸试验区金融改革的风险重心，是管制放松过程中可能引发的金融风险。随着自由贸易账户体系的不断完善，应重点关注资金自由划转和市场化定价是否引发大规模资金异常流动，进而引起对国家货币政策和金融市场的冲击。为有序推进试验区金融改革，必须有效管控金融风险，不仅要管得住，还要利用自由贸易账户倒逼管理模式和方法不断创新。适时建立海南自贸区（港）资金流信息监测管理系统，实现银行、证券、保险数据全覆盖，夯实金融业资金流数据监测基础。运用信息技术手段完善金融监管工具，以大数据为依托开展事中事后监管，提升金融监管的专业性、统一性和穿透性。完善跨境资金流动宏观审慎监管框架，建立以自由贸易账户体系为依托的资金“两线”流动留痕管理制度，推动形成既符合国际标准又满足自由贸易港审慎管理需要的跨境资金流动监测制度。切实加强反洗钱、反恐怖融资和反逃税审查，研究建立洗钱风险评估机制，定期评估洗钱和恐怖融资风险。

五、专家点评

自由贸易账户是一套以人民币为本外币合一的可兑换账户，由金融机构在分账核算管理的制度下运营。自 2013 年 9 月上海自贸区正式挂牌以来，上海自贸区金融改革在人民银行总行的支持下，率先开展扩大人民币跨境使用及资本项目可兑换等相关金融改革创新试验。基于自由贸易账户的政策框架，企业可以开立一个自由贸易账户并通过自由贸易账户内资金可兑换的方式办理各项跨境商务贸易活动中的本外币结算以及境内日常经营所需的各项人民币结算，满足了企业内外贸一体化经营的需求，既提高了资金结算效率，也节约了账户管理成本。自由贸易账户可以提供从创意到成熟期的全程跨境金融服务。目前上海已有 1131 家科创企业开立自由贸易账户 1582 个，获得各类融资 1238.6 亿元。有 50 多个引进人才开立了境

外个人自由贸易账户。截至2018年底，上海自贸区已有3.8万余家境内外企业开立自由贸易账户7.2万个，累计办理各类本外币跨境结算折合人民币25.9万亿元。自由贸易账户还为企业“走出去”参与“一带一路”建设提供跨境金融服务，上海自由贸易账户业务范围涉及161个境外国家和地区。

自由贸易账户是自贸区金融制度创新的重要品牌。2018年9月15日，人民银行批准同意建设海南自由贸易账户体系。2019年1月1日，海南自由贸易账户体系正式上线运营，这是海南自由贸易试验区建设重要的金融基础设施，承载着海南金融开放的重要使命，对于进一步深化海南自贸区金融改革、实现贸易投资便利化以及加快中国特色自由贸易港建设落地具有里程碑意义。

点评专家：海南师范大学中国特色自由贸易港研究中心执行主任　刘锋

创新案例五

放宽赛事帆船和人员出入境限制

图片来源：《海口日报》

一、案例背景

从 1971 年瑞典主办第一届世锦赛开始，2017 年已经是第 47 届，也是有着“小奥运”之称的世界青年帆船锦标赛首次来到中国，正式落户三亚。在国家体育总局和省委省政府的大力支持下，作为海南省举办的三大体育赛事之一的环海南岛国际大帆船赛已成功举办 9 届。但目前我国尚未出台专门的国际性帆船竞赛和出入境管理办法，口岸联检机关对境外参赛船只只能参照一般境外游艇进行出入境管理，或按照对境外物品与人员的出入境管理办法进行管理，造成境外参赛船只在出入境、进出港、停泊移泊、航行等方面非常不便，影响赛事专业化、国际化、便利化水平，对海南省大力发展国际性帆船运动产业带来不利影响，阻碍了海南省水上运动产业的健康发展。

小资料

为吸引2017世界青年帆船锦标赛等国际性帆船赛事落户海南，进一步提升海南省帆船赛事的服务与管理水平，推动帆船运动及相关产业发展，海南省文化广电出版体育厅（以下简称“省文化广电出版体育厅”）与海南省海防与口岸办公室（以下简称“省口岸办”）牵头海南海事局、海口海关、海口出入境边检总站、海南省公安边防总队等单位起草并报请省政府审定印发了《海南省帆船赛事组织服务管理办法（暂行）》（琼府办〔2017〕8号，以下简称《办法》），大大简化了赛事帆船和人员出入境的手续。

海南三大国际赛事之一的环海南岛国际大帆船赛2010年3月启动，至今已举办9届，被誉为“中国第一离岸帆船赛”。近年来，海帆赛在品牌化、市场化发展提升方面进行了一系列整合营销，先后荣膺“中国体育营销十佳经典案例”“中国最佳跨界营销奖”以及“亚洲最佳帆船赛”等荣誉，成功入选国家体育总局、发改委、旅游委、交通运输部等九个部委联合印发的《水上运动产业发展规划》，成为“一项一品”国家级专业帆船赛事。

资料来源：《海南日报》

二、主要做法

《办法》中主要借鉴国际通行赛事帆船管理方式对国内管理方式进行改革，具体政策举措描述如图5－1所示。参赛帆船、船员资格由赛事主办方进行审核，允许经核准参赛的境外参赛帆船符合条件的可以向海关申请免担保或总担保形式入境。境外参赛帆船在境内港口间移泊，只需提交从境内港口新登船及离船入境人员名单，不再提交其他纸质申报单证，不再传递边封。赛事期间，境外参赛帆船航行动态及境外参赛人员健康情况由赛事主办方向口岸查验机关报备。

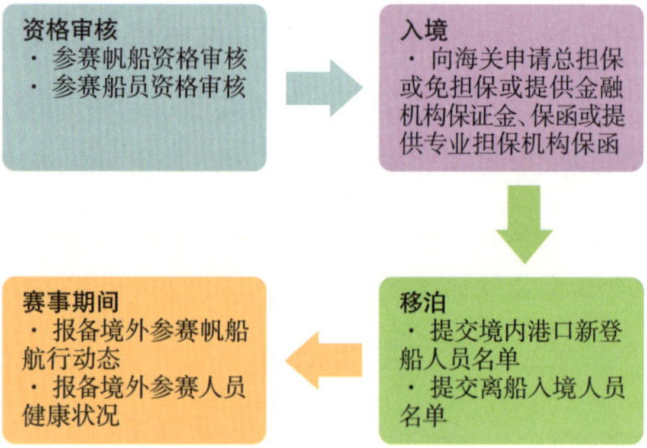

图5－1　具体政策举措

三、主要创新

（一）工作亮点

第一，勇于先行先试，引领改革创新。海南省是目前国内唯一一个出台放宽赛事帆船和人员出入境限制此类管理办法的省份，为海南省承办国际性大型帆船比赛打下了良好的政策基础。

第二，极大简化审批程序，缩短手续办理时间，值得为海南省申办其他国际性体育或娱乐赛事的政策支持提供可以借鉴的范本，也为其他服务贸易创新试点地区开展相关赛事工作提供了借鉴。

海南省放宽赛事帆船和人员出入境工作亮点如图 5－2 所示：

图 5－2　工作亮点

从 2017 年环海南岛国际大帆船赛开始，对所有船只参赛资格的审核权完全由组委会负责，有效地解决了往年国内船只因海事证件或手续不全造成无法参赛的突出问题。同时，在外籍船只管理上，参赛船只不需再缴纳相当于船只价值 43.65% 的押金，也无须办理单航次适航证书、传递边封。

（二）政策创新

海南省在自由贸易试验区大背景下改革了我国现行对赛事帆船的管理办法，从对参赛帆船按照游艇及商业游艇的管理方式进行管理到借鉴国际经验对赛事帆船施行创新性管理办法，是海南省做出的大胆尝试，更使国内赛事帆船管理方式实现零的突破。海南省在赛事帆船资格审查、境外船只入境担保方法以及赛事期间帆船进出港、移泊、航行管理等方面都进行了大胆又比较合理的变革。国内现行管理方式和海南省新推行管理方式主要举措对比如图 5－3 所示。

图5－3　主要举措对比

（三）赛事效果

如图5－4所示，从实施效果上进一步放宽赛事帆船和人员出入境限制，简化了帆船赛事船只和人员入境手续；从作用发挥来说，提高了海南省赛事组织水平并吸引更多赛事落户。

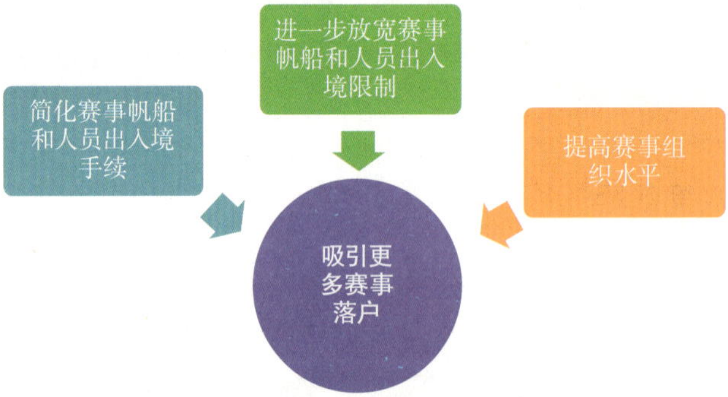

图5－4　创新成果

2017年环海南岛国际大帆船赛期间，为来自美、英、澳等14个国家的40支船队、400多名船员提供便捷的服务；外籍船只管理，参赛船只不需再缴纳相当于船只价值45%的押金，也无须办理单航次适航证书、传递边封，极大地简化了外籍船只参赛手续，有效便利了赛事组织工作。2017年世界青年帆船锦标赛、2017—2018年克利伯环球帆船赛等两项国际性帆船赛事落户海南。第47届世界青年帆船锦标赛在海南三亚落幕，来自全球

60 多个国家和地区的 380 名选手在这里扬帆竞技。赛事的组织得到各国来宾的认可与赞赏。如图 5－5 所示：

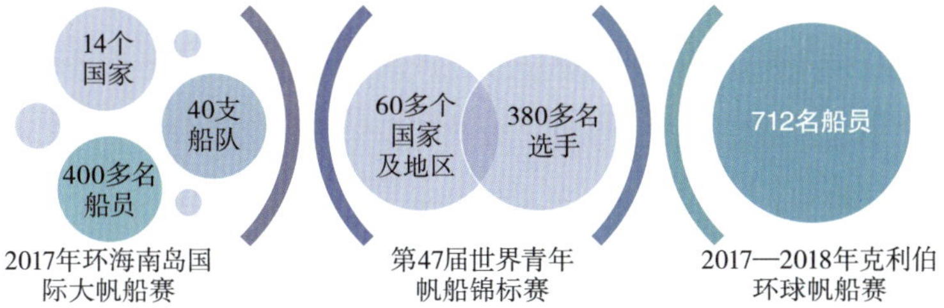

图 5－5 具体赛事举办成果

小资料

8 年前，环海南岛国际大帆船赛创办时，东道主海南没有一艘大帆船参赛。8 年后，海南已成为国内举办大帆船赛最多的省份。

海南大帆船运动的发展离不开比赛，特别是 2010 年环岛国际大帆船赛的举办，让大帆船运动在海南生根发芽成长。

省旅游和文化广电体育厅群体处处长麦有旺 8 年前参与了首届环岛大帆船赛的筹备。他回忆说，虽然海南是东道主，但第一届比赛没有一艘海南大帆船参赛。赛前，我们多方组织还是没能拉起一艘海南的“大帆船”。不过，多名海南籍的船员倒是在几艘大帆船队当船长。

2011 年环岛大帆船赛上，海南本土有了第一艘参赛的大帆船。此后，海南多艘大帆船出现在环岛赛上。特别是 2018 年环岛赛海南有十几艘大帆船参加。麦有旺说：“目前有 100 多艘省内外的大帆船常年停泊在海南。”

环岛大帆船赛的举办，让岛外的大帆船进岛变得更方便，促进了海南和深圳、青岛、厦门等地大帆船的交流。李蒙说：“大帆船赛不像在陆地上办的球类比赛，球员们下了飞机到球场就行了。大帆船涉及的部门较多，包括海事、救助、边检、外事等多个部门，以往省外和境外的大帆船要驶进海南的港口还真不容易，光办进港手续就把人累得够呛。随着环岛大帆船赛的举办，现在大帆船进港的手续简化了不少，时间缩短了很多。每年冬天省外和境外的大帆船都愿意来海南，和海南本地大帆船切磋一把。"

司南杯大帆船赛和更路簿杯国际帆船赛分别创建于2013年和2017年，分别由三亚市和琼海市主办。目前，海南是国内举办大帆船比赛最多的省份，一项国际性的环岛大帆船赛带两个小型比赛，海南岛已成为国内大帆船的主要比赛场地。

资料来源：《海南日报》

（四）创新成效

海南省对赛事帆船的管理办法进一步放宽了赛事帆船和人员出入境限制，大幅简化了帆船赛事船只和人员入境手续，极大提升了海南省帆船赛事的服务和管理工作，为海南省承办国际性大型帆船比赛打下了良好的政策基础，同时也为申办其他国际性体育或娱乐赛事的政策支持提供了可以借鉴的范本。但在民众对于相关政策的响应程度和满意度方面，并未达到相关部门政策效果预期，未来还应进一步扩大宣传，提高政策影响力。主要创新成效如图5-6所示：

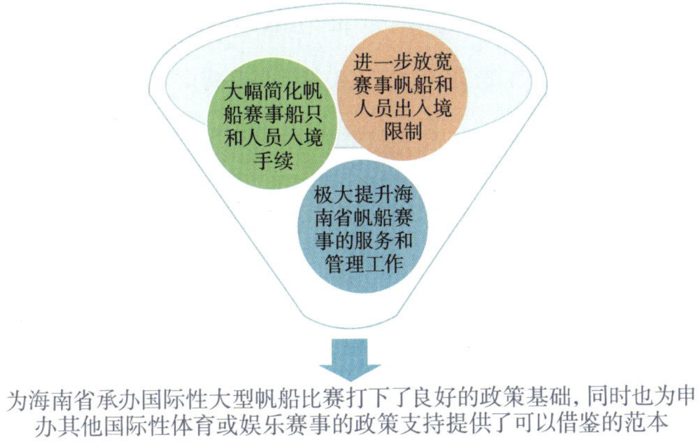

图 5-6 放宽赛事帆船和人员出入境限制主要创新成效

四、案例启示

在新兴的国际服务贸易领域，体育服务贸易市场潜力巨大，有着惊人的经济价值，体育服务贸易将在未来的经济发展中起到领头羊的作用。海南在建设自由贸易试验区和中国特色自由贸易港进程中如何依托海南优势资源，以举办大型国际体育赛事为抓手，助力海南打造国际旅游消费中心，顶层设计的制度创新显得尤为重要。

（一）赛事举办是实现体育产业与旅游产业融合发展的重要途径

建设国际旅游消费中心需进一步拓展旅游消费空间，开放旅游消费领域，积极培育旅游消费新业态、新热点。海南可以充分发挥地域特色优势，利用帆船等赛事作为切入点，实现体育产业与旅游产业融合发展，延伸文体旅游产业链。“体育 + 旅游”推动体育与竞赛表演、健身休闲、养老服务、文化创意和设计服务等业态融合，促进体育旅游、体育会展、体育传媒、体育广告、体育影视等相关产业发展。赛事运营周期内将涉及类似公关活动、市场营销活动、展览展示、接待服务管理等附带旅游服务功能的工作，能提升城市的旅游服务能力。赛事举办带动旅游消费的同时达到了举办地城市营销的目的，同时能促进城市各行业间的协同合作，加强行业间交流。放宽赛事帆船和人员出入境限制的施行和推广在境外参赛队伍和海南省之间铺设出简洁、高效、规范的道路，搭建海南与国际社会展示、交流、合作的重要平台。对赛事帆船管理的完善可以为海南省举办其他体育或娱乐赛事提供可借鉴的范本，有助于打造多元化旅游业态结构。随着赛事水准、国际化水平和品牌影响力的不断提升，帆船赛事将成为海南国际旅游消费中心的靓丽名片。

（二）利用帆船赛事助推海南帆船运动和帆船产业繁荣发展

在海南省自由贸易港建设中，以高水平的帆船赛事融合海南岛独特的自然风光和人文风情，必将吸引世界各地帆船队伍竞相参与，内涵不断丰富，外延不断扩展，从而不断提升国际影响力，不断增强品牌效应。帆船赛事的意义不仅仅在于举办赛事，更在于向人们传递一种海洋意识，将航海运动与海洋文化紧密结合起来，让更多人能够参加帆船运动。与此同时，帆船赛事也将推动公共码头的建设，从帆船的生产、制造、流通，到停泊、使用都能促成帆船赛事相关产业链的形成和完善。从传统的主要依靠体育赛事转播版权、票务和赞助商等收入的商业模式逐渐延伸到赛事举办、青少年培训、大帆船培训与体验等多元化运作模式，带动海南旅游、地产、餐饮和零售等产业的发展。

（三）放宽准入限制是发展体育服务贸易的重要条件

我国体育服务贸易市场化过程较短，全方位开放的意识还有待加强，各种准入领域的限制制约着我国体育企业和体育服务贸易的成长潜力的发挥，限制了我国体育企业和体育服务贸易国际竞争力的提高。海南自贸试验区发展过程中，海南将会承办更多帆船、自行车、高尔夫等国际大型赛事，其中在全国率先放宽赛事帆船和人员出入境限制，其复制推广优势主要在于其简洁性、高效性与规范性。在海南省总结经验、修改完善后可以复制推广至具备举办国际帆船赛的省市。总结见图 5 -7：

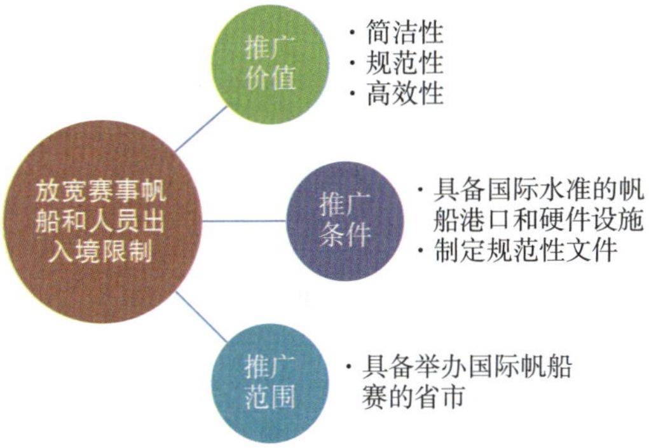

图 5 -7　复制推广条件总结

五、专家点评

该案例涉及的领域为体育服务贸易。《服务贸易总协定》对包括体育在内的服务贸易规定了明确的定义：第一是跨境交付，即由一个签约国家的服务提供者在其他任何签约方的境内提供消费者服务，以此获取相应的服务费。如美国的 ESPN 向中国的电视媒体提供国外的体育电视节目。第二是境外消费，即由一个签约国家的服务提供者在其他任何签约方境内提供的消费者服务，来获取一定的报酬。如外国运动队和运动员来华训练 和比赛。第三是商业存在，即一个签约方的商业实体为其他任何签约方境内的存在提供服务，其存在形式可以采取独立法人形式，也可以是一个分支机构或代表处，如全球最大的体育中介公司国际管理集团（ IMG）在北京设立办事处等。第四是自然人流动，即一个签约方的自然人在其他任何签约方境内提供服务，如一国的教练员到另一国执教，或一国的运动员加盟另一国的球队等。而对于“放宽赛事帆船和人员出入境限制”这一案例而言，是属于第二类——境外消费这一范畴。

提高海南体育服务贸易的发展水平、大力推动国际体育赛事建设，打造海南体育旅游金名片是重要的战略导向。因此，近年来，围绕创建国际赛事品牌，海南省做了很多卓有成效的工作。打造了环海南岛国际公路自行车赛、海南高尔夫球公开赛和环海南岛国际大帆船赛在内的三大国际体育赛事，不断以更高的赛事水准、国际化水平以及品牌影响力推动着海南体育产业、事业发展，助力海南打造国际旅游消费中心，为三十而立的海南在自由贸易试验区、中国特色自由贸易港建设方面增加动能。

然而，海南举办体育赛事的国际化程度还偏低，境外参赛人员的技战术水平还相对较弱，赛事品牌的影响力还有待提高。这其中原因是多方面的，但有一点是明确的，体育服务贸易的便利化程度较低在一定程度上阻碍了海南举办体育赛事国际化水平的提高。回到帆船赛事上，与其他体育赛事相比，帆船赛事有其特殊性，帆船运动属于大器械运动，一艘帆船一般价格不菲，造价可以达几千万美元，以往外籍参赛船需缴纳较高比例的保证金，还要办理比较烦琐的入境手续，给参赛的外籍人员带来了诸多不便，降低了帆船赛事吸引力。因此，为了提高帆船赛事的便利化水平，提升体育赛事的国际吸引力，海南省于 2017 年在全国率先出台了《海南省帆船赛事组织服务管理办法（暂行）》，按照《办法》要求，参赛船只不需再缴纳相当于船只价值 45% 的押金，也无须办理单航次适航证书、传递边封，极大地简化了外籍船只参赛手续，有效便利了赛事组织工作。这一举措出台一年多来，海南省帆船赛事发展开始换挡提速，先后将 2017 年世界青年帆船锦标赛、2017—2018 年克利伯环球帆船赛等两项国际性帆船赛事落户海南。海南帆船国际赛事的蓬勃发展必将直接带动海南海上运动特别是帆船运动的发展，大大促进了海南体育产业、设施、旅游的发展。同时，帆船体育赛事的发展也将助力海南打造体育旅游示范区，成为文体与旅游融合的又一典范。

未来还可以从两个方面考虑复制推广经验，扩大政策效果，提升海南服务贸易的便利化水平。一方面是由帆船体育赛事向其他赛事扩展，尤其是航空科技、机器人等大型器械类赛事，提高赛事入境便利化水平，提高赛事的国际化水平；另一方面由帆船赛事向帆船、游艇等入境游扩展，对于近年来私人游艇入境游呈现爆发式增长态势，海南可以适时放松私人游艇入境游管制，真正做到私人游艇“进得来，游得动”，提升海南南海游艇入境游吸引力，打造海南国际游艇旅游消费中心。

点评专家：海南大学经济学院副教授、博士生导师　孙鹏

创新案例六

线上线下共同推进跨境电子商务发展

图片来源：海口市综合保税区管委会

一、案例背景

新时代赋予海南深化改革开放新的使命，加快跨境电商等新业态成长是坚定不移扩大开放、增加进出口、更好满足群众消费升级和产业发展需要的重要举措，但海南跨境电子商务起步较晚，经营主体较弱，跨境电子商务在交易、支付、物流、通关、结汇等环节还存在诸多制约。为深入贯彻习近平总书记在庆祝海南建省办特区30周年大会上的讲话精神，按照中共中央、国务院《关于支持海南全面深化改革开放的指导意见》的总体要求，海南省亟待完善跨境消费服务功能，改进跨境电子商务各环节的技术标准、业务流程和监管模式，建设一体化跨境电商大数据信息平台，打造全球跨境电商贸易服务中心。

由此，海南省印发了《关于推进跨境电子商务发展的意见》和《关于海南省跨境电子商务综合示范区实施方案的通知》，提出以海口综合保税区和洋浦保税港区为载体设立“海南省跨境电子商务综合示范区”，先后2次共安排5400多万元资金支持示范区建设。力争把中国（海口）跨境电子商务综合试验区建设成为以“线上集成+跨境贸易+综合服务”为主要特点，以“物流通关渠道+跨境电商综合服务监管信息系统+金融增值服务”为核心竞争力，形成“关”“税”“汇”“商”“物”和“融”一体化，将线上“跨境电商综合服务监管”平台和线下“综合园区”平台相结合，打造投资贸易便利、监管服务高效、法制环境规范以及具有海南特色的跨境电子商务新业态新模式。

二、主要做法

推进跨境电子商务建设需要线上线下齐头并进，一方面，在线上实现综合服务平台与相关监管平台以及电商企业、物流企业、支付企业平台的对接，提高跨境电商进口业务办理效率；另一方面，在线下建设跨境电商业务的配套基础设施，海口综合保税区和洋浦保税港区积极开展跨境电子商务线下查验平台，快速推进仓储设施等配套建设。

线上的跨境电子商务服务平台建设从开始建设到办理首票业务完成仅用6个月时间，高效地实现了预期目标。海南省跨境电子商务综合示范区的业务处理量实现每秒2000单，从收到订单到出关24小时之内完成，跨境电子商务进出口货物快速通关放行时间1天，电子商务企业办理税收优惠手续可在国税平台统一办理，业务办理效率实现跨越式提升（图6－1）。

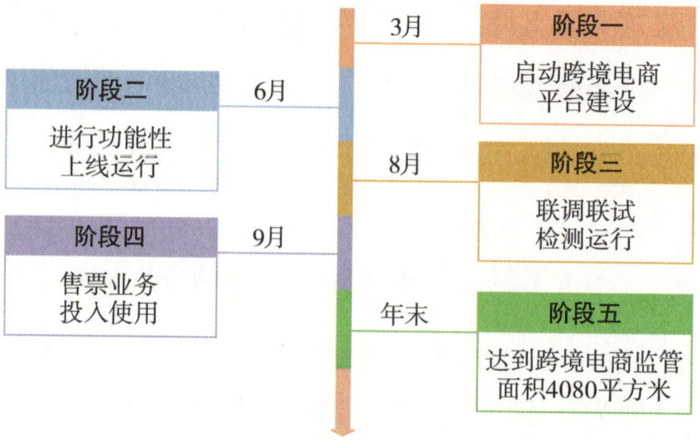

图 6－1　线上跨境电商平台 2017 年建设进程

小资料

跨境电商成为推动进出口贸易新动能。跨境电商业务作为外贸发展新业态，海口综保区按照海南省政府、海口市政府的工作部署，2017 年 3 月启动跨境电商示范区建设，2017 年 6 月完成平台搭建，9 月首批下单的跨境电商商品在海口综保区顺利出关，“双 11”“双 12”期间交易量达 2228 票，取得跨境电商业务零突破。2018 年跨境电商产业园即将投入使用，充分发挥孵化和集聚作用，鼓励引导海南进出口贸易企业积极开展跨境电商贸易，加快申报跨境电商综合试验区，为做大做强跨境电商业务争取更多优惠政策。

资料来源：《海南日报》

线下的跨境电子商务产业园相继建成。2017 年末，海口综合保税区和洋浦保税港区完成跨境电商监管场所建设场地面积达 4080 平方米。打造线下产业园区平台可以汇聚制造生产、电商平台、仓储物流、邮政快递、金融信保和风控服务等跨境电商各类企业，有效承接线上综合服务平台功能，优化配套服务，打造完整的产业链和生态圈（图6－2）。

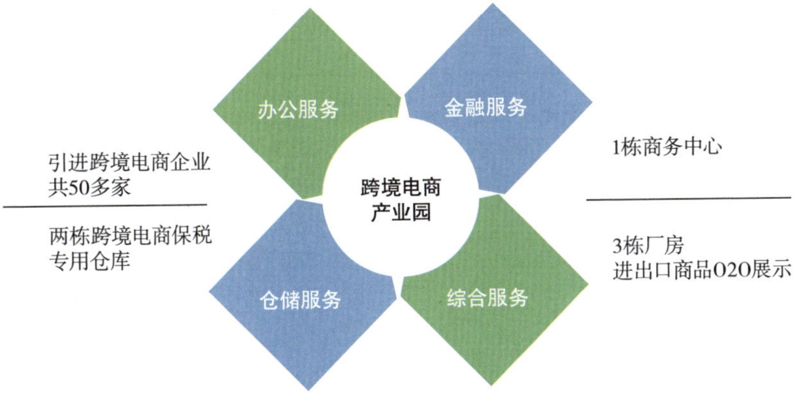

图6－2 线下海口综保区的跨境电商产业园

以海口综合保税区为例，跨境电子商务产业园占地34.4亩，2017年3月启动建设，2018年9月投入使用。海口综保区多项措施并举开展跨境电商招商工作，出台《海口综合保税区关于促进跨境电商产业发展的10条扶持政策》，并主动上门推介洽谈，引进跨境电商企业。

三、主要创新

根据国务院《关于同意在北京等22个城市设立跨境电子商务综合试验区的批复》，结合国务院印发的《中国（海南）自由贸易试验区总体方案》，海南积极发挥跨境电商综合试验区、建成自由贸易试验区和中国特色自由贸易港新政策红利，研究出台产业扶持政策，引导电商企业在海南做大做强。

（一）线上线下配合共同推进跨境电商发展

搭建线上公共监管服务平台和园区综合查验通关、仓储物流服务平台（图6－3），并配合信息共享、金融服务、智能物流、电商信用、统计监测和风险防控等“六体系”共同促进跨境电商发展（图6－4）。

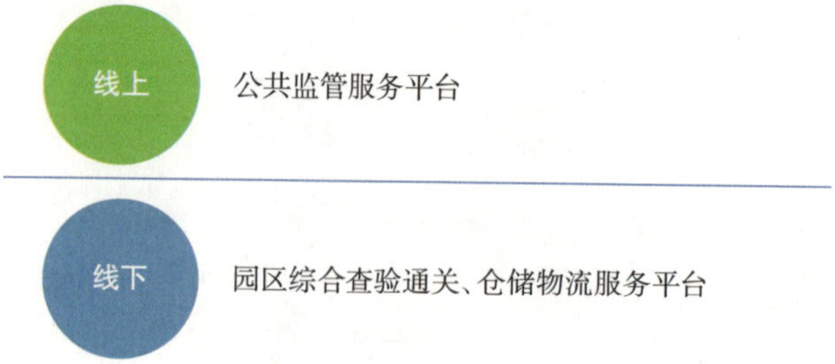

图6－3　搭建线上线下“两平台”

图6－4　综试区“六体系”

在跨境电商的实际操作中，政府、跨境电商产业园和企业的互相沟通合作极为重要，三者的无缝衔接才能促成跨境电商服务的成功（图6－5）。

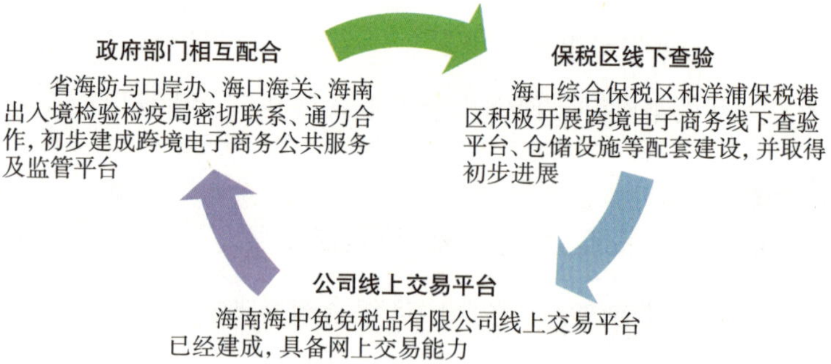

图6－5　线上线下配合共同推进跨境电商发展

在政府部门之间相互配合下，线上跨境电商平台配合线下跨境电商产业园查验平台和仓储设施，再加上公司的网上交易能力，整合出一套完整的跨境电商流程；公司线上交易平台的使用对跨境电子商务公共服务及监管平台形成反馈作用，进而改进监管平台的建设。

小资料

海南积极推动电子商务发展提质升级。据统计，2018 年 1—10 月，全省网络交易额 1602.44 亿元，同比增长 26.56%。

2018 年，海南省举办 2018 中国（海南）第二届智慧商业大会、阿里巴巴电商兴农扶贫海南站、2018 年（第三届）海南国际旅游岛购物节电商企业促销等活动，进一步拓宽海南特色产品销售渠道，推动传统产业转型升级，活跃电商发展氛围。海南省各市县积极举办各类资源对接活动，以线上线下联动的模式，为特色农产品特别是扶贫农产品搭建网络推广平台。探索推广镇级电商公共服务中心模式，完成 300 个建档立卡贫困村电商服务站建设，海口永兴镇等镇级电商扶贫中心初具雏形。社区电商、智慧商圈、服务型电商深入渗透，涌现出三亚乐天城智慧农贸市场、海口“日月广场”商圈、“冻品云”餐饮配送等创新典型。

资料来源：《海南日报》

（二）拓展跨境电商业务新模式

海南跨境电商产业园不断拓展跨境电商业务新模式，开展 B2B2C 和 B2C 业务。其中“B2B2C”是保税仓的代名词，也称“保税备货”，是国家针对跨境电商平台清关倡导的进口报关模式，该模式下电商提前从国外批量备货到国内保税仓，待客户下单后，再从保税仓清关 + 发货；“B2C”

又称为“海外直邮”，电商在客户下单后，直接将货物从国外寄回国内，清关后转国内快递派送（图6－6）。

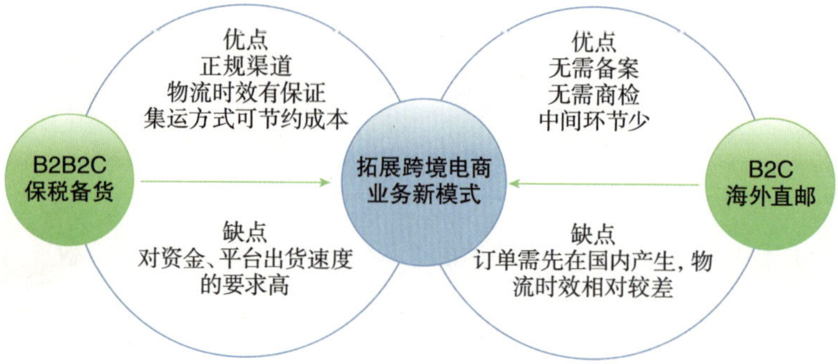

图6－6　拓展跨境电商业务新模式

跨境电商业务两种模式的商品都受正面清单的影响，其中在B2C直邮模式中，正面清单里的商品可按照政策的备案流程走；在B2B2C保税备货模式中，正面清单中只有部分商品进入保税仓时无须按照一般贸易流程，其余部分需按照一般贸易流程来操作。截至2018年12月，累计完成跨境电商出区清单保税备货模式B2B2C和海外直邮模式B2C共12782票，其中海外直邮B2C出区清单7657票，总销售额200多万元。

小资料

海口综保区将全面铺开跨境电商直购业务，来自北美、东亚和大洋洲等地区的商品将从海口发往全国。海口综合保税区探索开展跨境直购模式（B2C），于2018年8月31日完成首票跨境电商直购进口的通关作业，9月将全面铺开跨境电商直购业务。

跨境直购模式与目前在海口综保区开展的保税备货模式不同，是由国内消费者个人通过与海关联网电子商务交易平台直接购买境外商品，包裹件境外邮寄经海关监管查验后配送至消费者手中，优点是价格更便宜、品牌款式新、通关方便安全。

海口综保区于2018年8月31日完成首票跨境电商直购进口的通关作业，在海口综保区海关全力支持下，当天查验并放行完成近千票跨境电商包裹的通关验放，通过EMS发往北京、山东、广东、山西、上海等地和海南本岛，此次跨境电商商品主要为来自加拿大和大洋洲的化妆品、护肤品及衣服鞋帽。随着首票跨境电商直购进口业务顺利开展，海口综保区9月将全面铺开跨境电商直购业务，来自北美、东亚、大洋洲和东南亚的商品将陆续抵达海口综保区发往全国。

资料来源：《海南日报》

（三）积极开展招商及探索业务创新

为推进海南自由贸易试验区和中国特色自由贸易港建设，海口综保区加快探索和发展跨境电商新业态。截至2018年12月，已入驻海口综合保税区内跨境电商企业有50多家，目前已有20多家企业入驻产业园办公，其中国内知名电商唯品会、E码头已完成公司注册落地，2019年正式开展业务（图6－7）。

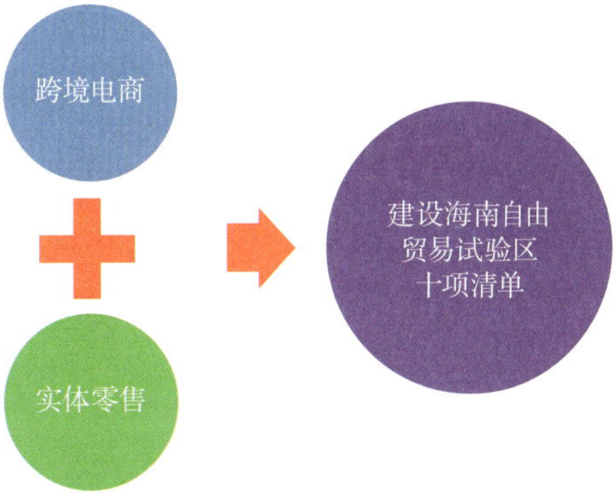

图6－7 探索跨境电商业务新业态

海口综保区于 2018 年 5 月推出《建设海南自由贸易试验区十项清单》，体现了“大胆试、大胆闯、自主改”的自贸试验区理念和特区精神。例如开展“跨境电商 + 新零售”业务，海南新毅国际、海南高培乳业等企业率先尝试跨境电商运营新模式。2018 年 5 月海南高培乳业有限公司首家跨境电商体验店正式开业，实现市内 O2O 线下体验店跨境电商商品即买即提，为当地消费者和游客带来高效、便捷、实惠的进口商品购买体验；另外，为了推动海南橡胶交易所建设，利用海口综合保税区已开展的橡胶保税仓储业务，搭建电子交易平台，积极开展橡胶保税现货、期货交易交割业务。此份任务清单既是海口综合保税区积极推进海南自由贸易试验区和中国特色自由贸易港建设的探索清单，也是努力实现早期收获的行动清单，为海南开好局、起好步，扛起责任担当。

小资料

跨境电商龙头企业“唯品会”落户海口，计划年内开设市区线下实体店，开展“网购保税 + 实体新零售”业务。

唯品会（中国）有限公司在海口综保区完成海南唯品会供应链管理有限公司注册，计划年内在海口核心商圈建立唯品会线下实体店，开展“网购保税 + 实体新零售”业务模式。目前，已有近 50 家跨境电商企业进驻海口综保区开展业务，通过保税备货和跨境直购两种模式，交易单量较去年同期成倍增长。

2018 年 9 月底，海口综合保税区通过“走出去”“点对点”的招商模式赴广州上门洽谈，11 月即完成海南唯品会供应链管理有限公司注册。随着跨境电商龙头企业唯品会（中国）有限公司落户海口综合保税区，将会在区内形成跨境电商产业集聚，带动现代物流、仓储服务和供应链金融等全产业链条的配套服务。

海口综合保税区相关负责人介绍，唯品会先在海口综合保税区开展1239保税备货和9610跨境直购两种模式的跨境电商业务，前期品牌衣帽和家居配套等商品将入区备货。同时唯品会的市场分析团队开始对海口消费市场开展调研，计划年内在市区核心商圈建立唯品会线下实体店，开展“网购保税+实体新零售”业务模式。目前，唯品会已同步规划在海口综保区设立物流仓储配套基地，随着中国（海口）跨境电商综合试验区的优惠政策逐步落地和业务发展，将逐步建成唯品会亚太物流中心。

资料来源：《海南日报》

四、案例启示

跨境电子商务作为新兴产业，在重构传统国际贸易产业链的同时也在不断促进与跨境电商相配套的服务业的模式创新和结构升级。推进跨境电子商务发展是建设海南自由贸易试验区和探索中国特色自由贸易港的重要支撑，在互联网经济推动下，跨境电子商务和服务贸易的发展相互渗透，相得益彰。从中我们可以得到以下启示：

（一）需求导向是创新平台服务模式的基本出发点

高频次、订单额度小、产品需求多样化将成为跨境电商未来的发展趋势，这对传统贸易方式提出挑战，同时也给出口企业提供了弯道超车的机会。跨境电商服务平台的B2B2C模式为企业更深层地挖掘、洞察消费者的需求提供了数据、技术的支撑，企业可以根据消费者需求动态进一步优化产品的研发、设计以及服务方式，集中资源做企业最擅长的供应链环节，助力企业走向“微笑曲线”两端，有助于海南外贸出口企业优化产业机构，提升产业附加值，带动产品和服务出口。

（二）结合海南本土消费市场实际探索差异化发展

海南发展跨境电商面临成本高、本土消费市场规模偏小的问题，结合海南省实际，以探索自由贸易港、打造国际旅游消费中心为契机，探索跨境电商发展新业态和新模式。一是借鉴深圳“E 码头”正在开展的跨境电商“保税 + 社区新零售”模式，探索具有海南省特色的跨境电商“保税 + 实体新零售”新模式；二是探索宠物食品等跨境电商进口商品的监管模式，推动海南省跨境电商差异化发展；三是探索在“一线放开，二线高效管住”监管模式下，充分利用海南省在仓储、人力等成本优势，引导跨境电商企业把设在国外及香港的海外仓前移到海南省，形成具有海南省特色的跨境电商新业态。

五、专家点评

跨境电商业务发展并非构建独立的、简单的业态，而是在海南自由贸易试验区、自由贸易港搭建起“买全球”“卖全球”的全球商品品牌化平台。相比国内发达地区，海南省的跨境电子商务起步较晚，但却发展迅速。2018 年 7 月 24 日，国务院印发的《关于同意在北京等 22 个城市设立跨境电子商务综合试验区的批复》中，海口综合保税区入选国家级跨境电子商务综合示范区。阿里巴巴、唯品会等 54 家知名电商平台纷纷入驻园区。园区内建设的综合服务辅助平台对接海关系统，为跨境电商企业实现清关、平台管理、大数据分析等提供一点接入、一站式服务。电子商务园区快速发展为海南自由贸易试验区特别是国际旅游消费中心建设初步搭建起宽广的国际化平台。

当然，我们也要看到，海南的跨境电商发展面临诸多掣肘因素。第一，物流成本较高。海南地处南海，跨境电商进口的商品需要经香港中转进入海口港，提货费、转泊费、港杂费和转关费等高于其他口岸 3% 以上。另外，海口的国际航班较少，部分直飞航线的运输成本也高于其他地方，以悉尼飞海口为例，悉尼直飞海口空运费约为 1.45 澳元/千克，悉尼直飞广州只需 0.85 澳元/千克，换算成人民币，悉尼直飞海口比直飞广州高 3 元/千克。第二，市场规模偏小。除海口与三亚等城市相对经济发达，海南其余城市、县均相对落后，对消费升级的刚需相对较弱；海南进出口型企业少、产品结构单一，主要集中在生活用品上；进出口基础薄弱，相关支撑系统尚未完善，产业配套与营商氛围严重不足。第三，龙头引领企业太少。海南省的跨境电商企业目前仍以中小企业为主，业务经营能力较弱；海南跨境电商集中于海口综合保税区，但该区内注册的电商企业较少；经营的跨界商品品类少，即便阿里巴巴、唯品会等境内知名电商平台落户海口。但因受制于客观因素，尚未规模化地开展电商业务。第四，通关准入政策制约。跨境电商通关手续复杂、准入范围较窄、效率低。海口综合保税区保税监管制度设计太过复杂，保税制度操作流程太过繁琐，增加了跨境电商的业务运作时间，抬高了跨境电商企业的运营成本；而在跨境物流、商品退换货等问题上，也因通关问题受到阻碍。第五，海南的高端互联网人才奇缺。与传统的对外贸易相比，跨境电商企业需要专业化的人才充分掌握跨境电商操作流程、及时分析相关信息、直接面对海外消费者，并与他们进行沟通。但是，海南省跨境电商发展起步较晚，缺乏专业化的人才支撑，对电商平台上的信息收集处理能力不足，没有充分利用电商平台的数据资源和信息服务，在运作手法上也没有因地制宜，容易错过商机。

为保障并落实海南探索建设中国特色自由贸易港的国家战略，海南应当不断探索体制机制创新，充分培育跨境电商新业态、新模式，线上线下多管齐下，推进跨境电子商务发展，加快建设高效便捷的电子商务示范区。

建议在条件成熟、风险可控的前提下，将海口作为国际邮包的通关结算点，在海口综保区内设立“海外仓”。在 B2B、B2C 基础上，积极探索

C2C、B2B2C 等电商新业态模式，为国外商品批量在海口分拣、包装，物流和海关检查方面给予帮助。为跨境电子商务企业减少成本、提高效率、降低价格；吸引把仓库放到海外或者香港的电商卖家，改放到海口。以海口为试点，纵深辐射全岛落后地区，引入海外商业资源，在岛内实现加工、中转、全球销售，推动全岛各地区同步发展。结合海南自由贸易港的未来发展定位，创新开展跨境电商进口药品、宠物粮和医疗器械等新品类业务，在保证监管的条件下着力研究较开放的准入制度，争取国家的政策支持。借助离岛免税品牌，打造免税商品跨境电商平台。积极与香港 DFS 等知名免税品公司洽谈，谋求跨境电商的免税业务合作。借鉴深圳“保税＋实体新零售”模式，探索具备一店多业态、一店买全球的功能。构建一个多层次商品结构供需体系，完善商品品类及丰富度。实现包括进口食品、化妆品、母婴用品、生活快消品、轻奢品、进口生鲜、平台进口汽车等在内的全品类进口商品以一般贸易形式、跨境电商形式、保税直营、免税商品形式分区上架售卖，并附带餐饮娱乐，建设成海南最大的国外商品购物休闲娱乐的体验中心，实现一店购全球的场景。充分利用“保税＋社区新零售”的创新模式，把跨境电商商品引到居民生活小区，让旅居海南的海内外游客可以便捷购买到放心的进口商品，提升整体品质生活的配套支持。加强品牌合作、丰富经营主体。持续加强与阿里巴巴、京东、亚马逊等境内外电商战略合作，完善跨境电子商务交易、支付、物流、通关、结汇等环节技术标准、业务流程、监管模式，建设一体化跨境电商大数据信息平台，打造全球跨境电商贸易服务中心。

点评专家：海南大学经济学院副院长，教授、博士生导师　李世杰

创新案例七

简化境外自驾游办理手续，提升海南自驾游吸引力

图片来源：澎湃新闻网

一、案例背景

为落实海南省公安部和省政府简政放权以及“放管服”工作，开拓国际高端旅游市场，提升海南入境游便利化的要求，海南省公安厅交警总队于 2017 年 4 月 10 日下发了《关于限时办理临时入境机动车驾驶许可的通知》。该通知的目的是为了进一步对临时入境的外籍机动车驾驶人取得临时驾驶许可提供便利及更优质的服务。自从境外游客办理自驾手续便利政策实施以来，取得了初步的成效，2016 年至 2018 年间，境外游客办理临

时机动车驾驶许可所需时间全部做到了当日受理、当日制证，办理境外游客临时机动车驾驶证的人数也有所增加。

二、主要做法

简化境外自驾游办理手续这一政策颁布以来，海南省各部门积极作出对应举措，主要做法有以下几方面（图7－1）：

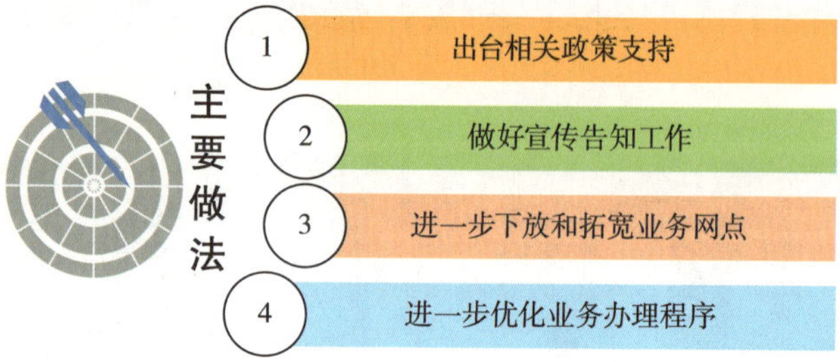

图7－1　为境外游客办理自驾手续提供便利创新政策主要做法

（一）出台相关政策支持

为给境外游客办理自驾手续提供便利政策，海南省政府出台了一些相关政策，主要以《临时入境机动车和驾驶人管理规定》为依据，以《关于限时办理临时入境机动车驾驶许可的通知》为补充。以此在政策实施的过程当中，做到有据可循、有法可依，严格按照颁布的各类规定为境外游客办理自驾游手续，以达到政策预期。

（二）做好宣传告知工作

长期做好宣传工作，线上线下齐步并进。利用“双微”平台、宣传手册及在各个业务办理大厅进行宣传，公布办理境外换证业务和申请临时机动车驾驶许可及申请临时入境机动车号牌，行驶证业务的条件、流程、时限等相关内容，有条件的车辆管理所提供英文版或其他语言版的业务办理指南，确保群众广泛知晓。

（三）进一步下放和拓宽业务网点

自2018年10月1日起，琼北、琼南车辆管理所不再承办申领临时机动车驾驶许可及申请临时入境机动车号牌、行驶证等业务，由辖区各市县交警大队车辆管理所办理。对于一些具备条件的，在机场或港口设置业务办理点或服务站，以方便境外游客入境后就近申请临时机动车驾驶许可及申请临时入境机动车号牌、行驶证。

（四）进一步优化业务办理程序

按照相关规定，审查申请人提交的申请材料，不得另外附加申请许可条件。对不符合申领条件或申请材料不齐全的申请人，车辆管理所做到一次性书面告知不予受理的理由或需要补全的材料，不让申请人因不了解规定而多次往返申请办理。对申领临时机动车驾驶许可符合规定的，车辆管理所受理后在1小时内完成道路交通安全法律、法规学习和核发临时机动车驾驶许可。申请境外换证业务只需考试科目一的，车辆管理所应在受理当日内预约考试，考试合格后即核发机动车驾驶证。对申请临时入境机动车号牌、行驶证的，引导申请人到就近机动车安全技术检验机构办理安全技术检验，对检验、查验合格且符合规定的，按规定时限内核发临时入境机动车号牌及行驶证。

三、主要创新

简化境外自驾游办理手续主要亮点就在于认真落实“放管服”工作；对现有业务权限做进一步调整，对原属总队琼北、琼南车管所的业务下放至辖区市县车辆管理所办理，进一步拓宽服务网点；同时，对业务办理时限提出更高要求，由公安部令规定的三日缩短至一小时办结。主要创新有以下几点（图7－2）：

（一）极大缩短了审批时间

境外游客自驾游办理时间大幅缩短。办理时间由原来的三个工作

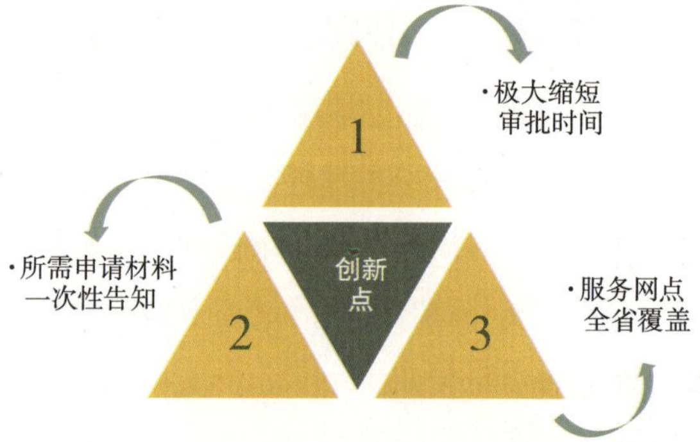

图7－2 “为境外游客办理自驾手续提供便利”政策的创新亮点

日办结，缩短为一个小时办理，一个工作日办结，做到“当日受理，当日制证”。极大地缩减了审批时间，推动了入境游客自驾游的业务发展。

（二）所需申请材料一次性告知

对不符合申领条件或申请材料不齐全的申请人，车辆管理所应当一次性书面告知不予受理的理由或需要补全的材料，不得让申请人因不了解规定而多次往返申请办理，为临时入境的外籍机动车驾驶人提供更便捷的服务。

（三）服务网点全省覆盖

办理地点由原公安部令规定的6个地市级车辆管理所延伸至全省19个市县所有车辆管理所（总队琼北、琼南车辆管理所因业务下放不再承办）。具备条件的地市，在机场或港口设置业务办理点或服务站，方便境外游客入境后就近申请临时机动车驾驶许可及申请临时入境机动车号牌、行驶证。

四、案例启示

（一）推进旅游消费国际化，提供与国际接轨的便利化服务

如何服务好境外游客，对于海南自由贸易试验区和中国特色自由贸易港建设而言至关重要。海南省将申领临时机动车驾驶许可及申请临时入境机动车号牌、行驶证等业务，下放到辖区各市县交警大队车辆管理所办理，甚至在机场或港口设置业务办理点或服务站，拓宽了入境游客申报临时证件的服务网点，业务办理时限也由公安部令规定的三日缩短至一小时，这一“拓”一“减”，不仅为临时入境机动车和驾驶人提供更多便利，更重要的是打破了各种有形的和无形的贸易壁垒，体现了政府职能部门理念从“管理”向“服务”的转变。这种转变，为进一步推进入境旅游行业的管理，打造良好的营商环境提供了新的视角，对进一步解决“简政放权”进入深水区而触及监管转型之后的深层次矛盾具有较强的启发意义。

作为一个国际旅游目的地，除了免签免税外，便捷的交通、国际化的服务、符合外国游客品位的旅游产品等缺一不可，而简化境外游客办理自驾手续这一做法，是提供便利化服务方面的前瞻性举措。

（二）提供优质的公共服务，契合海南建设国际旅游消费中心的需求

海南作为全国第一个以省级行政建制全面推行市场取向的经济特区，是最早提出和实践“小政府、大社会”的省份。建设中国（海南）自由贸易试验区和中国特色自由贸易港以来，海南对政府改革和优化公共服务相当重视。众所周知，中国尚未加入《国际道路交通公约》，国外行驶证、驾驶证等相关证件无法通用，境外人士来华工作或旅游，如果计划自驾，必须申领临时证件。对于海南而言，仅琼南和琼北两个车管所可以办理相关手续，如果境外人士自驾来琼，动辄需要花费一两天，甚至更长的时间

才能办结。海南实施简化境外游客自驾游办理手续，是创新、优化公共服务的重要体现，契合了建设国际旅游消费中心的需求。

五、专家点评

《关于限时办理临时入境机动车驾驶许可的通知》的出台，是助力海南全面深化改革开放的重要举措，为境外游客办理自驾游业务提供了便利，优化了业务办理程序，极大地缩减了审批时间，有助于未来入境人数的进一步增加，以此推进海南省营商环境的优化和提升，在一定程度上打通了国际交流的渠道，适应了不断增加的对外交往的需要，进而提升了海南省作为国际旅游岛的国际形象。境外游客自驾游办理做到“当日受理，当日制证”，办理地点由原公安部令规定的 6 个地市级车辆管理所延伸至全省 19 个市县所有车辆管理所，极大地便利了境外游客申请临时车证（牌）。

近年来，美国加州 1 号公路、夏威夷群岛、澳大利亚墨尔本大洋路、法国南法蓝色海岸、新西兰环岛、南非花园大道以及泰国普吉岛，这些迷人的公路沿线和环岛是境外自驾游的热门路线。美国是我国国民境外租车最热门的国家，对比政策面来看，交通部门、物价管理部门等行政主管部门在执法上、管理上，都没有把自驾车旅纳入管理对象进行监管，是缺乏专门的管理规范制度，导致无法可依、无章可循，直接影响了行业总体水平的提高。

但该政策还存在不足，多停留在政策措施层面，缺乏完备的配套实施方案和细则。受游客多为旅游团、政策宣传不到位、路牌标识单一和汽车租赁市场有待完善等综合因素影响，目前年境外游客办理自驾手续申请数还处于较低水平。另外，部门之间监督、审核等衔接还存在一定问题，还需关注道路安全隐患防范工作。

伴随着旅游需求逐渐多样化，相关政策也在不断推进和完善，供需两旺叠加政策支持，促进旅游市场长期稳步发展。下一步，建议重点建成一批公共服务完善的自驾车旅居车旅游目的地，推出一批精品自驾车旅居车旅游线路，培育一批自驾游和营地连锁品牌企业，增强旅居车产品与使用管理技术保障能力，形成网络化的营地服务体系和完整的自驾车旅居车旅游产业链条，初步构建起自驾车旅居车旅游产业体系。

点评专家：海南省政府研究室副主任　熊安静

创新案例八

创新保税服务模式，推进跨境飞机维修业务发展

图片来源：《海南日报》

一、案例背景

在经济全球化、贸易创新化的发展背景下和全球价值链重构的时代契机下，境内外保税维修这种新型贸易方式日益得到发展。其中，飞机维修业务是保税维修业务中的主要发展方向之一，飞机维修业务直接经济效益大，可以辐射带动相关产业。而海南省不但具有航权优势，还是航空运输企业总部所在地，因此海南省应该开展境外飞机进境维修业务，并且具有很大的发展潜力（图8－1）。

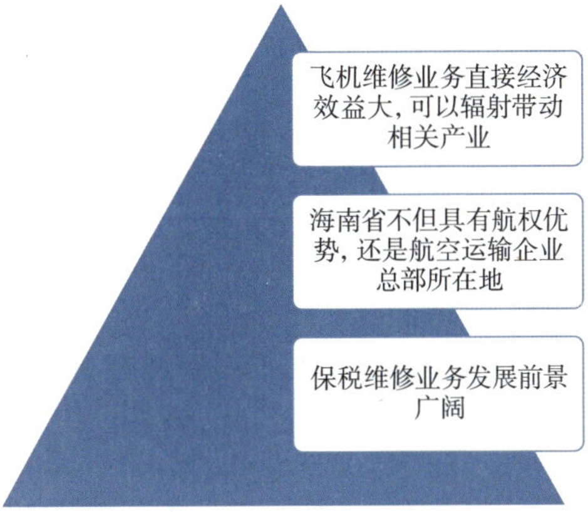

图 8－1 海南开展境外飞机进境维修业务潜力

保税维修是指保税工厂或指定的保税仓库（含公共保税仓，保税区、保税物流园区等特殊海关监管区域指定仓库）依托保税政策，以账册（手册）为载体，对来自境内外的部件损坏、部分功能丧失或出现缺陷的货物进行检测、测试、修理或维修，并复运出境（区）的经营活动。

一方面，保税维修贸易方式可以简化手续流程、节省时间、节约成本。通过开展保税维修业务，企业不仅能完善产品售后服务，提高品牌形象，减少贸易摩擦，提高通关效率，缩短产品返修期，适当减少企业库存，加速产品周转，而且能降低生产经营成本，提高产品的市场竞争力。

以退货为例，假设国外客户需要退运维修检测，如果按照传统的退运到工厂维修的方式，在办理进境修理货物的进口申报手续时，主管海关一般会要求纳税义务人提供退港返修协议书、缴纳退运返修保证金、出口未退税证明（已退税先补交）、原出口报关单、商检单、通关单等，而退港返修审核时间往往超过一个月，大大增加了滞港时间。除办理退运维修检测流程需较长时间外，货柜滞留码头还会产生船舶公司超时费和海关滞报金等高额费用。更严重的是，一旦海关审核不能通过，退运返修货物还要再退回国外。如此，种种不确定因素让正常的退运返修申报变得异常复杂和困难。然而可以保税维修的自贸试验区享有“境内关外”的政策优势，根据“一线放开，二线管住”的原则，退运返修货物从国外退运到自贸试验区进行保税维修无须进行进口清关，也无须向海关申报办理退港返修业务，不仅免除了复杂的审核手续，也无须交纳保税金；以维修货物复运出境，无须进行出口清关，可大大简化出口流程，降低成本。

另一方面，通过保税维修贸易方式，可以承揽全球同行业相关产品的检测维修业务，将产业链由原来的加工制造环节延伸至后期检测维修服务，形成以生产订单带动维修订单、以维修订单促进生产订单的良性循环，有效提升企业的全球市场占有率。开展保税维修业务是加工贸易实现产业链向两端延伸、完善加工配套服务的重要途径，是参与国际分工、赢得国际市场的重要方式，也是全球制造向全球服务升级的必经之路，有利于国际分工地位的提高及培育新的外贸增长点。

飞机维修业务是根据飞机制造厂家（如美国波音公司和欧洲空客公司）提供的飞机修理大纲对飞机进行的定期维修及保养工作，分为月度例行维护检查和年度例行深度拆装检修，实行许可证管理制度。目前全球飞机维修（MRO）市场前景广阔。根据奥纬咨询报告，2018 年全球机队规模达 26307 架，2028 年将增长至 37978 架，年复合增长率为 3.7%。其中，退役老旧飞机将有 9014 架，新飞机交付量将达 20685 架。2018 年全球 MRO 产值达 774 亿美元，2028 年将达 1147 亿美元，复合增长率为 4.0%。其中，亚太地区（含中印）MRO 市场仍是发展最强劲的区域，年均增速高达 6.5%，2028 年产值将达 420 亿美元，规模同西欧及北美市场持平。

因此，目前飞机维修业务是保税维修的重点发展目标，飞机维修业务作为服务贸易业，不仅直接经济效益大，而且对航材进出口、技术研发以及人才培养等产业具有重要的辐射带动作用。因为飞机维修具有高技术含量、高附加值等特点，在海南发展飞机维修产业，对带动先进制造业和高端服务业发展及拉动清洁 GDP、税收增长的作用巨大。与国内航空维修产业排名第一的厦门相比，海南省的省会海口市同处南方，同样作为 21 世纪海上丝绸之路的建设支点，同样具有强大的航空产业发展背景。海南省自贸试验区在开展境外飞机进境维修业务方面可以发挥很多优势，不仅有天然的地理优势和行业基础优势，还有政策优势，具体如下：

第一，从地理位置上看，海南介于东经 108°37′～111°03′和北纬 18°10′～20°10′之间，位于中国最南端，北以琼州海峡与广东省划界，西临北部湾与越南相对，东濒南海与中国台湾相望，东南部和南部在南海中与菲律宾、文莱和马来西亚为邻，处于西太平洋的中心地带。海南是南中国海重要的对外开放门户，是“21 世纪海上丝绸之路”的重要战略支点，其航线近可“面向东盟、发展日韩、兼顾南亚”，远可“通往欧洲、中东、非洲”，具备成为国际航空枢纽、培育临空产业集群的明显区位优势。

第二，海南同时也是我国第四大航空运输企业总部所在地。海南航空股份有限公司是中国第四大航空运输企业、中国内地首家四星级航空公司，以及中国评级最高的航空公司即中国地区最佳航空。海南航空股份有限公司旗下机队规模近 700 架，仅在海南就投入运力 135 架，旗下拥有海航技术、SR Technics 等业内知名飞机维修企业及品牌，提供航线维修、机体大修（含整机喷漆）、附件维修、发动机大修、机务培训等各类专业化服务，并能够为客户提供综合服务解决方案。

海航飞机维修产业具备波音、空客、巴航等多种机型及 2000 多项零部件修理能力，获得中国民航局（CAAC）、美国联邦航空局（FAA）、欧洲航空安全局（EASA）等 20 多个国家民航局和国际标准组织的认可与授权。其中，作为中国排名前列的民航维修企业，海航技术具有 25 年服务大机队、多机型的丰富维修保障经验。海航技术经过多年发展，在海南海口美兰机场拥有约 500 亩综合维修基地，包括 2 座大修机库、1 座喷漆机库及部分附件维修厂房，具备航线保障、机体大修、附件翻修、航空器喷涂、工程管理及设计改装等各类维修能力。到 2018 年为止，海航先后收购了世界最大的机场地面服务公司 Swissport、瑞士航空配餐公司 Gategroup、航空维修服务公司 SRT 等国际上领先的航空业上下游企业。通过深度的业务整合，海航打造和丰富了航空全产业链，引入了国外企业优秀的管理模式和经验，与自身主业形成了良好的协同效应。据统计，2017 年海航集团申报进境维修飞机 10 架，维修金额 1450 万元。

第三，海南作为最大的经济特区、最大的自由贸易试验区与自由贸易港，享有一系列先行先试的政策优势。《中国（海南）自由贸易试验区总体方案》已明确提出“培育贸易新业态新模式，支持发展全球维修等业态”。同时，海南享有开放第三、第四、第五航权的优势。

小资料

航权

第三航权：目的地下客权，即本国航机可以在协议国境内卸下乘客、邮件或货物。例如：北京—东京，如获得第三航权，中国民航飞机承运的旅客、货物可在东京进港，但只能空机返回。第四航权：目的地上客权，即本国航机可以在协议国境内载运乘客、邮件或货物返回。例如：北京—东京，如获得第四航权，中国民航飞机能载运旅客、邮件或货物搭乘原机返回北京。第五航权：中间点权或延远权，即可以先在第三国的地点作为中转站上下客货，第五航权是要和两个或两个以上的国家进行谈判。例如：新加坡—厦门—芝加哥，新加坡航空获得第五航权，可以在新加坡—芝加哥航线上在厦门经停，上下客货。第五航权的开放意味着外航不仅要分享与对飞国之间的市场，同时还要分享中国到第三国的市场资源。

资料来源：中国民用航空局官网

二、主要做法

为发展进境飞机维修业务，海南省采取多项举措，其中最主要的做法有三个：对符合条件的企业采取免除税款担保等措施；结合实际制定《监管进境飞机维修业务操作指引》；加强信息化管理，优化监管模式（图8－2）。

图8－2 主要做法示意

（一）对符合条件的企业采取免除税款担保等措施

根据《中华人民共和国海关进出口货物征税管理办法》（海关总署令第124号）第七十七条：有下列情形之一，纳税义务人要求海关先放行货物的，应当按照海关初步确定的应缴税款向海关提供足额税款担保：①海关尚未确定商品归类、完税价格、原产地等征税条件的；②正在海关办理减免税审批手续的；③申请延期缴纳税款的；④暂时进出境的；⑤进境修理和出境加工的，按保税货物实施管理的除外；⑥因残损、品质不良或者规格不符，纳税义务人申报进口或者出口无代价抵偿货物时，原进口货物尚未退运出境或者尚未放弃交由海关处理的，或者原出口货物尚未退运进境的；⑦其他按照有关规定需要提供税款担保的。

对符合条件的企业采取免除税款担保等措施，为企业减轻了资金周转压力，推动了境外飞机进境维修业务顺利进行，支持企业进一步拓展境外飞机喷涂、改装设计、维修资质培训等高附加值业务，有力地促进了航空维修产业的发展。一方面，在海南江东新区培育发展以“机体维修＋航空喷涂＋发动机维修＋部附件维修”为主的飞机维修产业链，形成一站式飞机维修服务能力；另一方面，发挥海航维修产业发展的带动效应，积极吸引第三方主体落户江东新区，引导和培育产业集聚发展发动机、附件维修，带动飞机系统、零部件的设计制造、航空培训、航空会展等上下游业务。

（二）结合实际制定《监管进境飞机维修业务操作指引》

限定飞机维修业务是指经国家有关部门批准，飞机维修企业承揽境内外民用航空器及其零附件维修的服务业务。主要包括：整架飞机维修业务；境内外航空公司航班过站的飞机维护检修业务；飞机零附件的修理、校验、拆分检测等业务；飞机改装业务；其他经海关批准开展的飞机维修业务。限定飞机维修企业必须是经国家有关部门批准，有权开展民用航空器及其零附件维修服务的具有独立法人资格的经济实体。应具备下列资格条件：具备从事航空维修的资质；具备向海关缴纳税款和履行其他法律义务的能力；设有符合海关监管条件的专用维修场所和保税仓库；内部管理规范，具备符合海关监管要求的计算机管理系统并与海关联网，具备协同海关管理的能力；法律、行政法规、海关规章规定的其他条件。

海南不断优化“保税仓库＋进境维修”监管模式，支持海航集团开展境外飞机进境维修业务，总结完善监管模式并针对业务特殊性实行分类管理以适应新型业务监管需求。基于海航技术的全产业链的飞机维修能力和海口综合维修基地，重点发展飞机工程服务及航线维护等运营保障型服务，打造适应国际化客户的“能力全面、反应快速”的技术团队，在飞机选型及退出过程中，为客户提供工程咨询服务；在飞机运营过程中，为客户提供维修方案、状态监控、技术记录、可靠性管理及评估等服务。

（三）加强信息化管理，优化监管模式

推动企业建设进境飞机维修信息系统，通过系统联网对保税维修航材从入仓、出仓到装机及使用实行全过程信息化管控和视频监控，提高保税维修航材通关效率（图8－3）。

运用“互联网＋”，着力提高监管效能。推动关区保税监管场所辅助管理系统开发建设，推动海关监管由事前审批向事中事后（维修过程）的信息化风险管理转变。航空维修联网监管改革中融入“工单管理”“无纸作业”，由“以实物为核心、事后逆向核算”向“以数据为核心、根据生产过程顺向计核”的模式转变。整合辖区航空维修企业保税仓库视频监控系统，建立远程监控新模式。下面具体就定检维修和航材的信息化管理模式展示信息化管理与传统模式的不同。

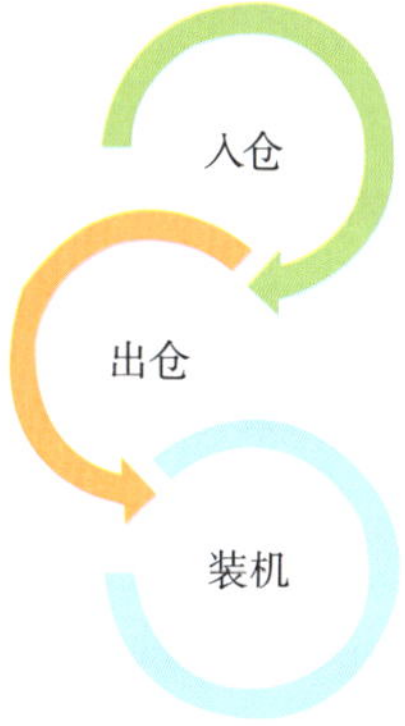

图8－3　信息化管理示意

定检维修中建立飞机维修文档管理系统，飞机维修人员就可以从烦琐的文档编译、整理和校对工作中解放出来，从而拥有更多的时间去进行维修方案的制定、飞机维修及故障判断。各种定检维修文档数据存储在大型专业数据库里，为定检维修工作的方便化、及时化、准确化奠定了基础。

航材管理中建立航材库存及维修时控件监控管理信息系统，对航材零部件实施全程时效及可靠性管理，以保证航材翻修质量和降低航材库存，从而降低航空公司运营成本，实现零部件的全过程跟踪，实时查询零部件的维修进展，保证零部件的及时供应，为维修部门节省了大量的人力及设备成本。

小资料

厦门飞机维修企业迎减负　不需要保函、保证金

厦门飞机维修企业又迎来“减负”。日前，国家税务总局组织完成了将“保税维修（1371）”代码植入出口退税审核系统的测试，今后企业开展跨境飞机维修业务，在报关时只要严格使用1371 代码，即可正常办理出口退税。

据厦门税务机构工作人员介绍，采用 1371 监管方式意味着企业不再需要保函、不再需要缴纳保证金，以 2017 年为例，可为企业节约保函手续费约 115 万元，有利于进一步减少企业资金占用。同时，也加快货物通关时间，缩短企业交货时间，将极大地方便飞机维修企业开展保税维修业务。

厦门目前共有 9 家航空维修企业，均设立在特殊监管区外。原跨境飞机维修业务海关按“修理物品（1300）”监管方式管理，需要保函，通关时间长。为扶持厦门航空维修产业发展，厦门市政府、海关积极争取航空维修区外保税维修试点政策，经批准启用了“保税维修（1371）”监管方式管理。

为保证企业使用新代码后可正常办理出口退税，税务部门第一时间通知所管辖的飞机维修企业可调整报关方式，并入户开展调研座谈会，了解新代码使用后对企业跨境维修业务的影响，同时对新代码使用过程中的注意事项进行统一辅导，确保企业顺利享受新代码带来的“福利”。

资料来源：海峡网

三、主要创新

海南省大力推进进境飞机维修业务，不断破解业务开展的政策瓶颈，借鉴先进的监管做法及操作流程，积极创新监管与服务（图 8 –4）。

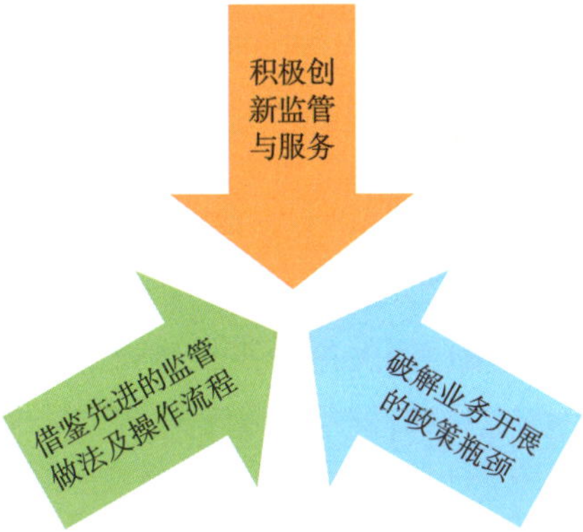

图 8 –4　主要创新示意

（一）破解业务开展的政策瓶颈

首先，加强对相关政策规定的梳理研究，结合保税区、自贸试验区、临空产业园等政策优势，针对境外飞机进境维修的业务特点，充分用足政策为企业免除进境飞机的税款担保，降低企业经营成本。目前规划建设中的美兰临空产业园一期总规划面积 9500 亩，总投资约 300 亿元，将重点发展航空维修、航空租赁、航食加工、航空智造、航空运营基地等航空上下游产业及物流仓储、跨境电商、冷链等现代物流产业。临空产业园参照海口综合保税区的创新，创造和放大政策优势，辐射带动区域发展。一是突破传统政策限制，将功能延伸到“铁丝网外”的市区。二是发挥功能辐射效应，实现区内外联动发展。三是协调海关实施分类监管支持措施。

其次，主动向企业宣传有关政策，成立相关组织协会即海南省口岸航空服务保障协会，增加企业与政府之间的沟通。近年来海南省航空业进入快速发展阶段。为更好地协调口岸航空的各环节运行机制，完善飞机出入口岸，口岸监管，飞机停放、维修、保养、救护及相关航空业务，推进航空经济健康发展，海南航空股份有限公司等企业单位发起成立“海南省口岸航空服务保障协会”，首批会员单位 66 家，分别从事机场建设与管理，飞机制造、研发、经销，材料供应，旅游通信等 10 多个行业，基本涵盖了全行业各个领域。海南省口岸航空服务保障协会于 2014 年在海口成立，该协会为海南省从事航空业的机构组织搭建起合作交流平台，促使从事航空业的机构组织共同推进海南航空经济健康发展。

（二）借鉴先进的监管做法及操作流程

通过安排业务骨干赴厦门海关进行飞机维修业务调研，重点学习保税航材使用及出境申报及保税航材的入出库和单耗监管问题，着力打造境外飞机进境维修便捷通道，以优质服务争取更多境外飞机在海南开展维修业务。据厦门太古公司测算，“飞机维修一体化监管”实施后，每维修一架飞机可减少停场时间 1～2 天，减少报关单量约 50 票，节约通关时间 25%以上。自施行新制度 10 个月内，厦门海关共监管进出境维修飞机 333 架次，同比增长 20.65%，为企业节约停飞成本 1.5 亿元。

通过向厦门海关学习保税维修飞机，采取“飞机维修一体化监管”，企业能提前将多种维修航材储备在专用的保税仓库中，待维修需要时便可直接从仓库中领取，实现飞机随到随修。同时最大限度简化了航材通关手续，即企业可以工单方式将所需航材提前领取出库，待飞机维修结束后，根据使用情况统一申报。通关手续的逐步简化以及航材的统一申报大大缩短了通关时间，节约了企业成本。

（三）积极创新监管与服务

为企业提供个性化“量身定做”式服务，打造境外飞机进境维修便捷通道，采取“保税仓库＋维修”监管模式，为维修企业提供高效的便捷通关环境，实现了既“管得住”又“通得快”（图 8－5）。

图 8－5　创新监管与服务示意

优化监管模式和流程，将航空维修涉及的审单、征税、保税等监管流程进行“同质业务整合”，简化监管手续，进境维修的飞机及零附件按“修理物品”办理进出境手续，维修所需航材直接从保税仓库办理手续领取，以加工贸易方式制造的航材无须办理结转手续直接用于维修并随维修后飞机办理出口手续，申报期限由 1 个月最长延至 24 个月，内部核批由最高 7 级统一简化为 2 级。

小资料

海南“敲开”全球飞机维修大门（节选）

获得 FAA 和 EASA 认证，世界航空维修市场的大门才算真正打开；飞机维修堪比飞机制造，现场突发情况多、意外多。

随着中国日益成为全世界增长最快、最具活力的航空市场，国内航空产业所包含的飞机维修、改装、航空培训、工程设计与研发等飞机服务产业，似乎一夜之间从“冷门”变成了“香饽饽”。

想进入这个热门领域，获取世界各大民航管理局认证则是绕不过去的基础“门槛”。

“FAA 和 EASA 认证是飞机维修领域难度最高的两项认证，企业要面临手册程序、质量系统、放行人员及支援人员资格及培训、航材、厂房设施、维修过程等方面共计 350 余项的审查及验证。”大新华飞机维修服务有限公司商务部总经理孙凯说，“为了取得认证资格，我们历时一年多，先后进行了多项准备。通过苦练内功提升各项维修技能，最终才获得了这两项认证，世界航空维修市场的大门才算真正打开了”。

中国航空维修巨大的市场空间和丰厚的利润，引起了各路资本的兴趣。早在1989年，中国国航就与汉莎合资成立了国内最早的飞机维修公司Ameco，其中，国航持股60%，汉莎持股40%，主要为国航及其他航空公司客户的飞机进行维修等服务。

过去几十年，合资成为GE、汉莎、波音、太古、新科宇航、法国斯奈克玛等外资进入中国飞机维修市场的主要形式。而直到现在，我国的高端飞机维修市场也主要掌握在外资和合资飞机维修企业手中，而在飞机维修领域最为核心的发动机维修，我国仍有六成以上需要送到海外维修。

“飞机维修比制造还难，因为制造是标准化的流水作业，而维修过程是非标准化的，现场控制比较难，突发情况多，意外多。”作为一名资深的飞机维修师，梁绍文将飞机维修比喻成“做手术”，他认为在没下刀之前，根本不知道会面临什么样的情况，这也正是这个行业最大的难点所在。

发展国内的飞机加改装、维修、工程设计开发等业务，还要造就一批精通飞机系统、具备工程设计能力的机务工程师。这也是目前国内与国外先进企业在能力上的真正差距。因此，航空培训市场广阔，人才培养需要加快跟进，以满足产业发展需求。

业内人士提出，飞机维修产业发展潜力巨大，但市场先机稍纵即逝。国内相关企业迫切需要改善管理经营机制，加强与国内外民航维修高端企业的技术交流与合作，提高技术人员的水平。同时，要在市场意识、技术水平、创新管理等方面与国际接轨，不但要维护好国内市场，更要吸引国外市场的目光。

资料来源：《海南日报》

小资料

海航系引投资　淡马锡再入局

海航系现股权变动，新加坡淡马锡投资公司（以下简称“淡马锡”）再度入局。

淡马锡是一家总部位于新加坡的全球投资公司，主要的投资方向为金融、电信、科技、房地产、工业、交通与能源等。RRJ投资公司则专注于中国和东南亚市场的私募股权投资，旗下管理资产规模近110亿美元。

对于此次交易，海航集团有限公司董事局、副董事长兼首席执行官谭向东表示，“集团非常期待和淡马锡、RRJ以及佳美集团的管理团队共同努力，加快推进佳美集团的战略部署”。

值得一提的是，在海航系今年的股权变动中，淡马锡并不是首次出现。4月，海航集团和淡马锡曾签署商业合作备忘录，双方表示将在航空和物流领域探索商业合作；两个月后，海航控股披露重组预案细节称，该公司计划从海航集团及其附属公司手中购买航空培训、维修业务和航空公司等资产；同时拟将向不超过10名特定投资者非公开发行A股股票募集配套资金，筹资不超过70亿元。据悉，除了淡马锡外，其他特定投资人还包括符合法律法规规定的境内产业投资者、证券投资基金管理公司、证券公司、信托投资公司、财务公司、保险机构投资者等。其中，淡马锡出资约7亿元，用于建设发动机维修投资项目、飞行培训中心等。

资料来源：中国财经网

四、案例启示

保税作为国际通行海关制度，是海关服务经济社会发展的重要抓手。我国传统的保税业态主要存在于海关实施实体监管的货物贸易中。服务贸易本身虽是无形的，但其往往依托于有形载体、依托于货物贸易，与海关监管发生直接关系，保税制度在服务贸易中的应用空间十分广阔。

（一）保税制度是促进服务贸易发展的重要制度工具

保税制度具有减少投资成本、降低交易费用（缓免税等）、化解市场风险、实现价值套利（会展、期货等）、建立变相贸易壁垒（避免产生违反 WTO 规则的直接补贴等）多方面的功能。保税制度与其他制度的联结，可以实现制度功能的叠加，放大制度红利，拓展政策空间，有利于进一步完善我国服务贸易促进体系。

我国“十三五”规划提出要“健全服务贸易促进体系”。《中国（海南）自由贸易试验区总体方案》明确提出“支持发展全球维修业务”“支持对海关特殊监管区域外‘两头在外’航空维修业务实行保税监管。”近年来，海关逐步将保税制度工具融入服务贸易的发展中去，推动形成了保税展示、保税维修检测、保税研发、保税跨境电商、保税期货交易、离岸保税业务等一批服务贸易新形态。“保税＋维修”就是借鉴保税加工的成功经验，将保税制度与服务贸易深度融合的一种服务模式创新，为海南服务贸易发展增添新业态、新动能，对于完善服务贸易促进体系具有重要的现实意义。

（二）利用“保税＋维修”模式打造航空维修产业高地，助力新型服务贸易形态的发展集聚

跨境飞机维修作为新型服务贸易业态，具有高技术、高附加值、创税能力强等特点。飞机维修属于高端技术服务领域，对上下游产业链具有极强的集聚效应，尤其对航材进出口、航材配送和分拨、飞机租赁、航空制造、航空运输以及旅游、物流、会展等产业具有重要的辐射带动作用。海南享受第三、第四、第五航权开放政策，在不断推进中国特色自由贸易港建设背景下，航线不断加密，飞机维修市场空间不断拓展，同时作为海航集团总部所在地，具备打造东亚航空枢纽和飞机维修高地的条件。因此，要积极利用“保税＋维修”模式和建设中国（海南）自由贸易试验区、中

国特色自由贸易港新政策红利培育龙头企业拓展全球飞机维修业务，同时，充分发挥海航在航空领域的龙头作用和示范效应，以点带面，带动跨境飞机维修业务在海南的集聚，培育产业生态，打造航空维修产业高地。

（三）政策开放与监管模式的创新是协同推动跨境维修业务发展的有效保障

航空维修是高门槛、高投入、高技术的产业，据相关方预测，中国航空维修产值2019年约72亿美元，而海南目前产值为35亿元人民币左右，海南全省航空维修产业基础较为薄弱，飞机维修规模、收益与上海、天津、厦门相比还有较大的差距。在发展初期，需要政策引导培育发展，要充分利用好中央赋予的开放和支持政策。在《中国（海南）自由贸易试验区总体方案》中明确了“取消船舶（含分段）及干线、支线、通用飞机设计、制造与维修外资股比限制”“支持对海关特殊监管区域外‘两头在外’航空维修业态实行保税监管”。目前，这两条政策均已实施。

下一步，还要根据海南实际发展需要和飞机维修业务特点，破解飞机维修业务拓展的瓶颈，积极借鉴上海、天津等先进的监管做法和操作流程，根据企业需求进一步创新监管与服务方式，着力打造境外飞机进境维修便捷通道，为境外飞机在海南开展飞机维修业务创造便利条件。

五、专家点评

飞机维修业务内容覆盖飞机起落架等附属部件、应急设备等机械附件、通信和导航装置等电子附件、空调和电源系统等电气附件，以及各类飞行辅助动力附件；涉及物理、材料、电子等多个科学领域的尖端技术成果集成应用，属于典型的技术密集型行业。近几十年来，中国民航业快速扩张，国内航空科技、制造业以及相关产业得到长足发展；特别是，随着海南国内、国际航线不断加密，民航机队数量快速增长，必然有更多飞机需要维护。

海南大力开展跨境飞机维修业务，一方面是服务贸易扩大开放与创新的重要探索，可以有力地支撑海南自由贸易试验区在贸易便利、自由化方面的制度探索；另一方面也能极大地带动相关领域的高新技术产业发展，在全球价值链重构过程中不断集聚高科技资源，力争打造航空器材维修、制造乃至设计的集聚地。航空器材制造和维修业是民航业的上下游关键链条。海南享有第五航权政策优势，也是全球知名航空公司海南航空的总部所在地，具备了开展境外飞机进境维修业务的客观条件。因此，跨境飞机维修业务在海南不远的将来，一定会迎来快速发展时期。不过，从目前情况来看，海南在进境维修飞机、进口维修用航材实施保税服务等具体的服务贸易创新举措还面临诸多问题，例如“保税仓库 + 维修”监管新模式到目前仍无具体实施细则和操作规范等，一定程度上抑制了海南进境维修飞机、进口维修用航材等业务发展。

2018 年 10 月出台的《中国（海南）自由贸易试验区总体方案》，提出“培育贸易新业态新模式，支持发展全球维修等业态”，体现了党中央和海南省对该项业务的高度重视。在自由贸易试验区特别是未来中国特色自由贸易港的制度框架下，跨境飞机维修业务开展已经去除了制度层面的掣肘。各级政府相关部门应当进一步解放思想，秉持“敢闯敢试、敢为人先”的精神，探索服务贸易创新与开放新模式。借鉴包括新加坡实里达航空产业园等在内的国际、国内发展经验，用足用好海南自由贸易试验区和中国特色自由贸易港的政策优势，进一步推动跨境飞机维修产业的配套服务贸易政策整体性开放；并充分发挥飞机维修的产业链带动效应，不断吸引包括飞机维修设备制造、零部件制造、发动机维护保养、飞行俱乐部、航空航材展会论坛、航空器材维修培训等上下游相关行业和业务领域的国际企业入驻海南自由贸易试验区，将海南逐步打造成为辐射全国、面向亚太的全球飞机维修中心和航空器材配套基地。

点评专家：海南大学经济学院副院长，教授、博士生导师　李世杰

第三篇

扩大双向开放

创新案例九

优化海南59国入境免签政策

图片来源：海南省公安厅

一、案例背景

2018年4月18日，公安部在北京召开新闻发布会，国家移民管理局在发布会上通报，经国务院批准，自2018年5月1日起，在海南省实施59国人员入境免签政策，免签入境后停留时间统一延长至30天，将团队免签放宽为个人免签，进一步支持海南全面深化改革开放。自习近平总书记在海南出席海南建省办经济特区30周年庆祝大会并发表重要讲话及实施《中共中央国务院关于支持海南全面深化改革开放的指导意见》以来，海南省在 5 月 1 日起实施的 59 国人员入境免签政策，是国家部委支持推动海南形成全面开放新格局的第一个重磅利好政策和重要举措（图 9－1）。

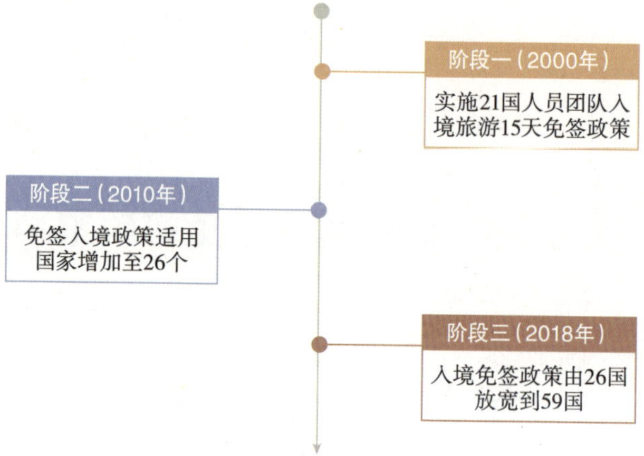

图 9－1　海南入境免签政策发展历程概况

实施 59 国人员入境旅游免签政策，契合了海南新时代扩大开放需要，将助推海南旅游业发展和国际化水平，有助于进一步扩大旅游业开放，吸引更多国际游客赴海南旅游，并且增强了国际游客进入海南的便利性，降低了进入海南的经济成本。对促进海南的民航、旅游事业及经济发展，提升海南旅游品牌国际知名度和影响力，起到了积极作用。

二、主要做法

（一）免签政策在范围、时长上实现升级

相比之前的 26 国免签政策，59 国免签政策的升级亮点具体体现在三个方面，见图 9－2。

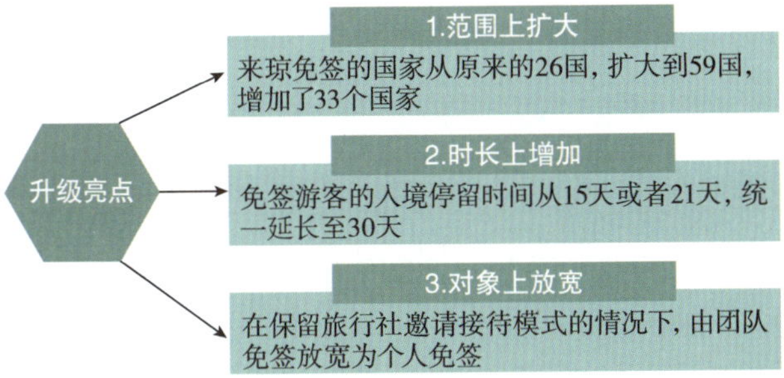

图 9－2　海南省 59 国免签政策在范围和时长上的升级亮点

（二）进一步出台一系列配套措施，提升服务水平

首先，三亚凤凰边检站对免签团的速验系统进行了升级，此外还增设了许多台指纹采集的前置机，设置了中英俄的语音宣传栏，基本上能保证一名旅客的入境控制在 30 秒以内。

其次，海口、三亚两大机场都设立了免签边检专用通道，并与相关部门实行联动服务和管理，提高通关速度，让适用政策国家入境旅客感受到海南口岸便捷、贴心、热情的服务。

再次，三亚市旅游委表示要培养一支专业的接待服务队伍，来满足这 59 国游客入境后的旅游度假消费需求。

最后，《海南省外国人免签团预申报系统》已经上线，今后海南还将设立“59 国免签政策咨询热线”，让游客来得舒心，玩得放心。

图 9－3　配套 59 国免签政策的一系列措施

（三）修订省政府规章，构建完善的制度规范体系

根据59国入境免签政策的调整变化，对2010年颁布的《外国人免签证来琼旅游团服务和管理办法》（第229号政府令）进行了修订，更名为《免签证来琼旅游外国人服务和管理办法》（下称《办法》），并经2017年12月7日第6届海南省人民政府第96次常务会议审议通过。修订后，《办法》的实际操作性和针对性进一步提升，为开展免签来琼外国人服务和管理工作提供了有力的政策依据。

（四）建立专门管理工作领导小组

2017年8月2日，海南省政府办公厅正式发文成立了由副省长何西庆担任组长，省政府副秘书长和省旅游委、外事侨务办、公安厅、国家安全厅领导任副组长，海南省政府有关部门和中央驻琼单位等23个单位的领导为成员的海南省外国人服务管理工作领导小组；海南省公安厅相应成立了外管工作领导小组，配合省外管工作领导小组共同做好全省外国人服务管理工作。两个领导小组成立后，分别印发各成员单位职责和工作规则，进一步完善外国人服务管理责任体系，形成权责明确、协调联动、运转高效的动态管控工作协调机制，为开展外国人服务管理工作提供有力的组织保障。

（五）实行闭环管理措施，防控非法离岛

为重点加强对外国人入境入岛、停居留和出境（岛）管控，形成环环紧扣的闭环管理模式，海南省制定了《海南省外国人管控工作方案》《海南省59国免签政策落地施行反恐工作方案》《省旅游委加强外国人免签证来琼旅游管理与服务工作措施》《海南边防沿海船舶、渔船民管理和服务工作规范》，坚持免签外国人入境前预申报制度，在免签外国人入境前开展预审查，入境后，充分发挥旅行社邀请接待模式作用，掌握游客行踪和落脚点，紧紧把住机场、火车站、港口以及海岸沿线的管控措施，防止免签外国人非法离岛。

（六）加强基础建设，落实服务管理工作保障

1. 强化外管工作信息化建设

优化改造26国免签团管理信息系统，依托进出岛人员信息采集管控系统和大情报平台开展对免签外国人的动态管理，补充和拓展了信息化管理功能。依托网上办事平台，进一步统一边检、边防和公安出入境的免签入境预申报渠道，着手搭建外国人服务管理信息平台，实现各类外国人信息数据高度共享和深度应用。

2. 重视加强外管队伍建设

在海口、三亚市各公安分局成立出入境管理大队，在全省公安机关出入境管理部门、边检边防部门以及机场、铁路、港务等公安机关增加警务辅助人员145人编制，组织开展了11期外国人服务管理能力提升业务专题培训，海南省公安出入境、行业公安机关和全省497个派出所分管领导和外管民警，以及教育机构外事协管员共1080人参加；编写了《基层公安机关民警外国人管理工作使用手册》，对海南省出入境民警开展了相关培训考核，确保人人参加、人人过关、熟练掌握，进一步提升外管工作水平。

小资料

从数据视角看59国免签政策给海南带来的变化

美兰机场年出入境旅客首次突破百万人次

2018年11月9日14时20分，搭乘香港至海口HX107航班的荷兰籍旅客Hartog Jacob顺利办理了入境通关手续，成为海口美兰国际机场年内第100万名出入境旅客，美兰机场口岸年出入境人数再创历史新高。

据悉，自2016年以来，海口美兰国际机场口岸出入境人数连续实现大幅增长，2016年、2017年分别查验出入境人数为72万人次、

94万人次，截至2018年11月9日首次突破百万大关。其中，海南实施59国人员入境旅游免办签证政策6个月来，通过59国免签政策入境外国人达4万多人次，同比增长260%以上。

2018年1—10月，海口美兰空港新增11条国际航线，目前在运营国际及地区航线共28条，平均每日航班26架次。

海南省出入境人员超过230万人次

2019年元旦小长假期间，海南全省出入境口岸迎来客流小高峰，截至1月1日16时，共验放出入境人员1.8万余人次。其中，海口美兰机场空港口岸验放出入境人员9800人次、三亚凤凰机场口岸验放出入境人员8500人次。

据海口出入境边防检查总站统计，2017年海南省出入境人员超过230万人次，同比增加22%，其中美兰国际机场验放出入境人员121万人次、凤凰国际机场验放出入境人员94万余人次。海南施行59国人员入境旅游免办签证政策8个月来，通过59国免签政策入境外国人41万人次。全省出入境人员较2017年有大幅度增加，主要原因，一方面是随着59国免签政策的实施及宣传力度的加大，来琼旅客呈现稳步增长态势；另一方面是海南省政府立足海南自贸区、自贸港建设发展实际，积极拓宽对外航线。

自2018年5月1日至11月30日，59国免签入境旅客210585人次，同比增长13.3%。2018年5月1日零时40分许，从韩国首尔仁川机场起飞的7C8601航班，平稳降落在三亚凤凰国际机场，166名乘客中有141位旅客享受59国人员入境海南旅游免签，这是海南正式实施59国人员入境旅游免签政策后，首个到达海南的免签旅游团。从我国香港起飞的HX155航班，5月1日早上8时20分降落在海口美兰国际机场，近百名旅客中有67人享受了59国人员入境海南旅游免签政策。

资料来源：《海南日报》数字版

三、主要创新

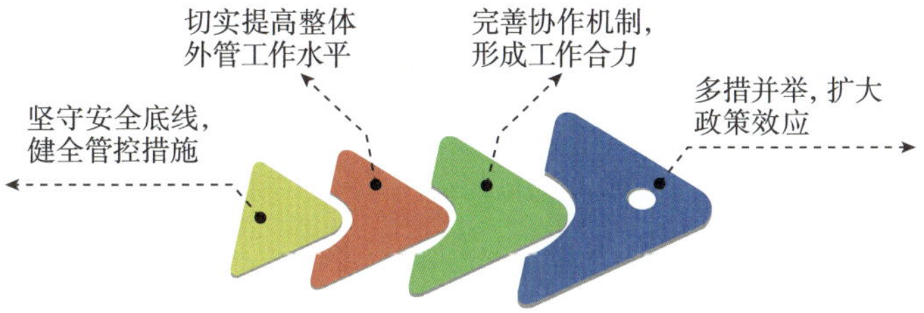

图 9－4　海南省 59 国免签政策创新亮点

（一）切实提高整体外管工作水平

2016 年 8 月以来，海南省政府请示国务院优化海南入境免签政策，争取以免签政策为契机，切实加强组织协调，全面落实各项管控措施工作。该创新政策实施以来，紧紧围绕“底数清、情况明、管得住、服务好、不出岛”的目标，重点推进了制度、体制、手段和外管队伍建设，提高了免签来琼旅游外国人服务管理水平。

（二）完善协作机制，形成工作合力

建立的省外国人服务管理工作领导小组，充分利用了其职能作用，明确各成员单位和各相关部门在外国人管理工作中的职能定位、责任分工和机制保障，责权清晰、管控有力。切实落实有关主管部门的职责和任务，夯实外国人服务管理工作基础，坚持定期联席会议制度，在研究工作中发现的新问题，积极协商具体工作措施，形了成严密、高效的境外人员社会管理网络。

（三）坚守安全底线，健全管控措施

在不断放宽免签政策，吸引更多外国人来琼旅游的同时，始终坚守国家安全底线。一方面，优化预申报模式，省公安厅与海口边检总站、省公安边防总队密切协作配合，完善优化预申报平台，实现海南省出入

境管理部门与边防检查机关免签外国人预申报三合一，并将免签外国人预申报信息通过数据线自动传输到省国家安全厅进行背景审查；另一方面，依托进出岛人员信息管控系统、DQB 平台和出入境信息系统等信息化手段，加大对免签来琼外国人的离岛管控和闭环管理力度，确保国家安全。

（四）多措并举，扩大政策效应

为进一步加强 59 国免签政策外国人服务管理工作，做好新旧免签政策衔接，确保 59 国免签政策顺利落地施行，相关部门组织开展对海南省公安出入境管理部门和机场、港务、铁路等行业公安机关和 45 家重点旅行社就新政策内容进行专题培训。推动省民航办不断新开、恢复和加密境外直达航线，拓宽外国游客来琼线路。并积极配合省旅游委、外事侨务办等相关部门开展政策宣传工作，扩大政策知晓度和影响力。

小资料

免签游客称赞来琼“很方便”

59 国人员入境免签政策的落地，极大地方便了境外游客来琼旅游度假。自政策实施一个多月间，在海口美兰机场、三亚凤凰机场，背着高球包的外国游客成为一道独特的风景；在境外直飞海南的航班上，身着情侣服到海南享受阳光假日的情侣也成了最甜蜜温馨的画面……

从省旅游发展委员会了解到，自 2018 年 5 月 1 日海南正式实施 59 国人员入境免签政策开始，截至 6 月 6 日，59 国人员来琼旅游 2.85 万人次。而随着入境免签政策在境外的不断推广宣传，以及一系列配套措施的落地，如境外直飞海南航班的不断增加等，将助推海南国际化水平的不断提高。

6 月的海南，天气已经渐渐炎热。但从亚龙湾到大东海再到三亚湾，依然随处可见悠闲度假的俄罗斯游客。对俄罗斯游客来说，新实施的入境免签证政策不仅延长了逗留期限，还放宽了人数限制，让他们可以随时到海南岛享受阳光假期。

省旅游委相关工作人员透露，2018 年海南省已经面向港澳地区、韩国、日本、英国、澳大利亚，以及东南亚国家做了详细的免签政策宣传计划，此外，省旅游委还通过携程网、南华早报、香港航空等境外的宣传平台和媒体资源对 59 国免签政策进行宣传推广。

为助推新的免签政策有效落地实施，境外直飞航班也在陆续增多。从省旅游委了解到，2018 年 7 月开通了三亚⇌伦敦直航航班，这是新政实施后开通的首条洲际航线。

新的免签政策下，59 个免签国家人员入境时只需要带上证件和填写入境卡便可通关。“入境卡代替了以往的团队名单表，以后会与航空公司沟通后在飞机上发放填写，加快通关的速度。”三亚凤凰边检站政治处主任骆阳城介绍说，目前一名游客的通关速度大概在 30 秒以内。

此外，三亚海关、边检部门还设立了“59 国人员入境海南旅游免签”边检专用通道，通过加强前台引导等减少现场通关等待时间。

“真是太高效了，很方便！不用花很长时间办理签证，不仅节省签证费用，过关速度也很快。”2018 年 6 月 11 日，一位来自巴西的免签游客凯文告诉记者，他将会介绍更多的朋友到海南休闲度假。

资料来源：《海南日报》数字版

四、案例启示

（一）免签政策创新加速发展是海南扩大对外开放的题中应有之义

海南打造国际旅游消费中心就必须大力推进旅游消费领域对外开放，免签政策的开放则是提升国际游客入境便利化水平的关键举措。海南入境旅游免签政策从最初的21国免签到26国免签，再到59国免签，不断突破免签国家数量、停留时限、出行人数等方面限制，契合了海南新时代扩大开放需要，体现了海南坚持开放为先、实行更加积极主动的开放战略的态度和决心。此次实施的入境旅游免签政策将有力地促进海南的开放及国际旅游消费中心服务质量和国际化水平的提升。

（二）59国免签新政是带动入境游、进一步扩大海南旅游服务出口的重要抓手

旅行服务是海南省服务贸易中占比最高的行业，旅行服务出口是海南省服务贸易收入的主要来源。59国免签在保留旅行社邀请接待模式的情况下，由团队免签放宽为个人免签，同时延长停留时间至30天，在保障“国门安全”的前提下进一步降低签证门槛，极大提升入境便利性，越来越多的境外朋友不仅可以轻松入境海南、来一场“说走就走”的旅行，还可以享受更长的“海南时间”。新的免签政策不仅有效降低国际游客进入海南的时间成本和经济成本，还可提高海南的旅游经济收益。59国免签政策，将给海南入境旅游市场带来更为庞大的客流量，增加海南旅游产业的就业和税收，进一步扩大海南旅游服务出口。2018年，旅行服务出口53.04亿元，进口26.18亿元，实现贸易顺差26.86亿元，较2017年增加10.36亿元，增长62.79%。59国免签新政的政策效应正不断凸显。

（三）政策的放宽与事中事后监管的协同推进是免签政策得以有效实施的重要保障

中央从顶层设计上支持海南实施更加便利的出入境政策，同时也明确指出对海南放宽出入境政策的关键是管理要跟上，国家安全、社会安全是底线，管得有多好，政策才能放得有多宽。为保障59国免签新政的有效实施，公安部门出台了《免签证来琼旅游外国人服务和管理办法》《关于59国人员入境旅游免签政策注意事项的通告》，进一步规范了免签外国人来琼旅游入境、停居留和离境全过程服务管理，为免签游客提供了政策依据和遵循。签证政策的进一步开放，也对政府如何实现更加高效、严格和及时的监管，以完善的监管体系保障政策顺利实施提出新的要求。

（四）政府应主动转变职能，优化公共服务，提升外国游客满意度

免签新政要充分释放出政策的经济效应和社会效应，需要提供良好的配套服务。免签政策提供了游客入境便利条件，如何让游客愿意停留更长的时间、增加来琼旅游的频次，更多取决于游客能否享受到优质的服务。没有良好的服务，入境游客数量、频次不一定会增加，政策效应会大打折扣。为了顺利落实免签入境政策，相关部门、企业及旅游相关人员均需要努力提升对国际游客免签证来海南旅游的服务质量和管理水平，打造与国际接轨的社会公共服务，使海南对入境游客的服务更上一个档次，提升入境游客的满意度。

五、专家点评

免签证或落地签证是国际旅游目的地的通行做法，是吸引国际游客前来旅游消费的重要手段。目前现有的59国免签政策为外国游客来海南旅游提供了一定的方便。然而，免签政策的执行效果也取决于为国际游客提供便捷的货币兑换及支付服务。首先，海南省对国际游客服务经验不够，相

关服务设施还不完备，货币兑换便利化水平需提高，大部分金融机构柜台和服务网点难以提供多语种服务，对外窗口形象需提升。比如，海南当前的货币兑换服务机构少且布局不均衡，全省具有个人结售汇业务资格的银行仅 10 多家，网点主要分布在海口市和三亚市；全省外币代兑点集中于海口、三亚、琼海、万宁四市，大多设点在酒店，占比 80% 以上；本外币兑换特许业务的经营机构只有一家。其次，能刷境外银行卡的 POS 机少，兑换币种少。最后，兑换效率不高。海南省外汇代兑点大多设在酒店，一般只对其客人提供外币兑换服务，每一笔无论金额大小都需经过查验身份证件，还需要手工填写兑换水单、电脑录入、兑换等，手续繁多，效率较低。此外，与免签和落地签来琼旅游外国人的相关部门和机构依照政府信息公开有关规定，及时公布办事条件、程序、期限、收费标准、投诉方式以及提交材料目录、示范文本等，制定多语种版本，方便外国游客办理签证。指导旅行社做好外国游客招徕、境内服务对接等工作，为外国游客办理来琼手续提供更多渠道和便捷方式。

点评专家：海南大学旅游学院副院长、教授　康霖

创新案例十

打造“留学海南”国际品牌

图片来源：海南省教育厅

一、案例背景

党中央赋予海南全岛建设自由贸易试验区、建设中国特色自由港的使命，对于面临千载难逢的重大历史发展机遇的海南而言，实施好这一重大国家战略，需要广揽人才、招才引智，因此引进海南急缺的国际化人才对建设自由港而言至关重要。

留学生群体知识结构新、年纪轻、语言能力较好、拥有多元文化背景。应如何创造良好的政策环境吸引、集聚国外留学生来琼留学、实习、就业，为海南的发展贡献力量。海南打造“留学品牌”、开展中外合作办学等举措有助于集聚多元文化背景的海外人才助力自由港建设，也有助于海南企业走向国际市场。

二、主要做法

打造“留学海南”国际品牌，旨在精进培养和储备国际化人才。主要做法有：打造海南高校学生国际交流平台，鼓励设立海南国际学生来琼游学基地，吸引国际学生来琼游学，开设海南省国际学生预科教育学院，实施“一带一路”人才交流计划及“东南亚知名院校交流计划”，开展国际学生文化系列活动，建立国际教育岛。如图 10－1 所示，完善国际学生相关配套制度是打造“留学海南”品牌，提高教育服务贸易试点工作质量的突出一步，其细分为三项政策，目的是优化国际学生教育政策，增强招收高层次国际学生的吸引力。

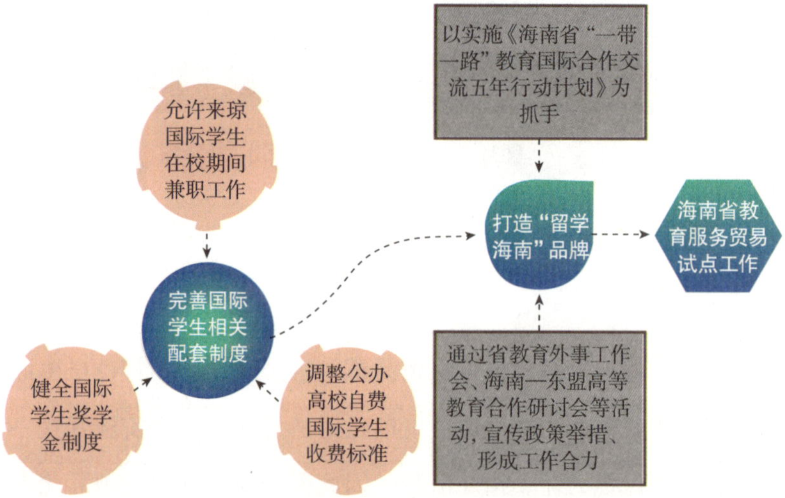

图 10－1　推进打造“留学海南”品牌工作

小资料

2018 年 12 月 12 日，由三亚学院主办，海南省教育厅、三亚市政府、三亚市人才工作领导小组、中国—东盟中心、东南亚教育部长组织高等教育与发展区域中心和中国民办教育协会提供支持的第二届中国—东盟民办高等教育发展与合作论坛在三亚学院举行。这次会议有来自新加坡、马来西亚、泰国、印度尼西亚、菲律宾、老挝、越南、缅甸和柬埔寨 9 个国家、80 余位中国和东盟各国民办高校和机构代表，聚焦于如何借助中国—东盟建立战略伙伴关系 15 周年奠定的坚实基础，以及海南建设自由贸易试验区和中国特色自由贸易港的历史机遇，进一步拓展并深度挖掘中国与东盟各国民办大学互学互鉴、共同发展的有效机制和路径，携手融入中国—东盟教育共同体建设等问题进行了深入研讨。

资料来源：海南省教育厅网站

（一）健全国际学生奖学金制度

2016 年海南省调整了海南省政府国际学生奖学金生招生计划，增加了奖学金人数，获奖人学历包括博士、硕士、本科生以及视情况安排的专科学历生、进修生和语言生，并在 2017 年 3 月，海南大学设立“一带一路”奖学金，三亚学院设立“丝路友谊奖学金”且同年 10 月设立“海南华文教育奖学金”，并制定《海南省华文教育奖学金暂行管理办法》；同时鼓励海南大学、三亚学院、海南经贸职业学院等高校设立国际学生奖学金，其中海南大学 1500 万元、海南经贸职业学院 100 万元。2018 年，为助力建设海南自由贸易试验区和探索建设中国特色自由贸易港，海南省增设了省政府国际学生全额奖学金，全额奖学金包括学费及相关活动经费、住宿费、生活费、综合医疗保险费、签证费、注册费、教材费、体检费以及外方签订协议所约定的资助内容，同时也对原奖学金标准进行了相应的调整，以吸引更高质量的国际学生留学海南。

（二）调整公办高校自费国际学生收费标准

根据我国物价水平变化，考虑海南各高校的地理条件、教学水平和设备条件的差异，海南省依据自身实际情况出台了相关政策，对不同专业、不同学历的学费和住宿费进行了调整，并在规定幅度内调整了学费标准下限，同时也加强了对高校收费的管理：加强对高校行政事业性收费的管理，规范高校服务性收费和代收费管理，严格执行教育收费公示制度，加强许可证、收费票据和资金的管理，加强监督检查，坚决治理高校乱收费。

（三）支持海南省国际学生在校外开展勤工助学

为推进海南省服务贸易创新发展试点工作的建设，丰富留学生的社会经验，满足部分国际学生在校外勤工助学的需要，海南省人民政府于 2018 年 1 月 4 日出台了相关政策，对于国际学生校外勤工俭学的总则、申请条件、岗位、范围、工时、酬金、申请流程与撤销情况进行了规范。

三、主要创新

（一）主要成效

在社会影响方面，完善国际学生相关配套制度，打造“留学海南”品牌，紧贴“一带一路”倡议，从海南省教育领域服务贸易创新工作的角度出发，为建设海南省自由贸易试验区出谋划策。被习近平主席称赞为“中哈友谊的使者”的原哈萨克斯坦籍留学生鲁斯兰，为海南省国际学生奖学金特录人员，产生了社会效应；中国政府专项奖学金支持地方政府奖学金项目设立子项目，给予海南省的招生指标逐年增多；“留学海南”使得院校国际学生比重增加。在教学、科研方面，海南各高校具有外语能力和国际背景的师资队伍不断壮大。在人才培养方面，院校主动研究对接有关国家和地区的教育质量标准。在管理方面，充满活力的专业化管理队伍逐渐形成。

小资料

2018年7月21日，华中师范大学海南附属中学联合美国密歇根州特拉弗斯城学区，合作建立华中师大海南附中国际部。引进国际优质教育资源，进一步助力海口的基础教育发展和中外合作办学。该校国际部采取“2+1”的模式，享受中美教育的资源和内容贡献，中美学分互认获取美国高中毕业文凭。另外，学生在高三时也可申请入读合作学期的其他高中，享受美国高中升入大学的专属通道。

资料来源：南海网

小资料

2018年12月14日，海南省教育厅与加拿大杰菲教育中心、英国海英教育国际发展中心在海口签署合作备忘录，决定在加拿大及英国分别建立海南省教育厅海外教育基地。目前为止，已洽谈来琼合作办学院校和项目共有43个，其中，英国哈罗国际学校已经签约，中国农业大学、北京外国语大学、中国传媒大学等一批高校即将签约。

资料来源：海南省教育厅网站

1. 国际学生吸引力进一步增强

海南省国际学生数量实现了快速增长。如图 10－2 所示，2016 年全年国际学生达到 2285 人，较 2015 年增长 12.78%；2017 年达到 3520 人，较 2016 年增长约 50%；截至 2018 年 10 月，全省各高校国际学生总人数为 4640 人。高校国际学生比重增加推进了“海南教育服务贸易联盟”的发展，同时为突破中外合作办学提供了良好的契机，使“引进来”与“走出去”相结合，扩大了开放领域。

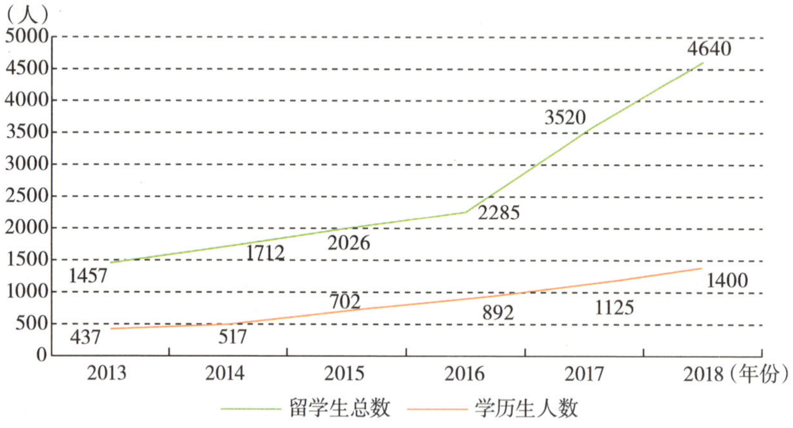

图 10－2　2013—2018 年全省高校来华留学生人数变化

2. 奖学金力度持续加大

增设了海南省政府全额奖学金并提高了部分奖学金标准，形成国家、省级、高校三级来华奖学金体系，国际学生奖学金制度的完善对扩大海南省各高校大规模招收留学生起到了示范引领作用，对于“留学海南”品牌建设发挥了重要作用。如图 10－3 所示，2018 年海南省政府国际学生奖学金人数预录取为 535 人，经费金额达 1418.22 万元，经调整后的奖学金人数为 526 人，资助学生类别增加了专科及 1 年以上的语言生，并将招生院校扩大至所有具有留学生招生资质的高校。

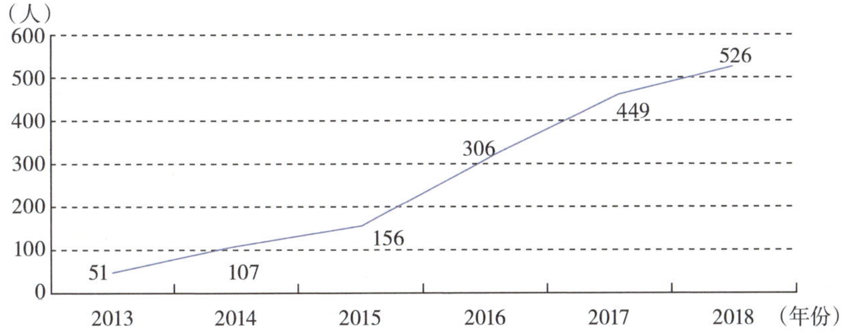

图 10－3 2013—2018 年海南省政府国际学生奖学金人数增长情况

3. 开展国际学生社会实践活动取得成效

国际学生校外勤工助学工作 2018 年初步启动，海南省借鉴世界主要教育发达国家通行做法出台了相关政策，为国际留学生提供了制度化、便利化、国际化的勤工助学保障。这些措施减少了留学安全和其他社会管理安全隐患，并且为海南国际学生深入了解海南省情和中国国情提供了重要途径。此项工作还在稳步推进，海南省在保证国际学生外出打工的合理、合法性情况下，对丰富国际学生社会经验、帮助学生勤工俭学进行积极了探索，如图 10－4 所示，2018 年海南省各高校在国际学生申请咨询勤工助学工作中均有成效。

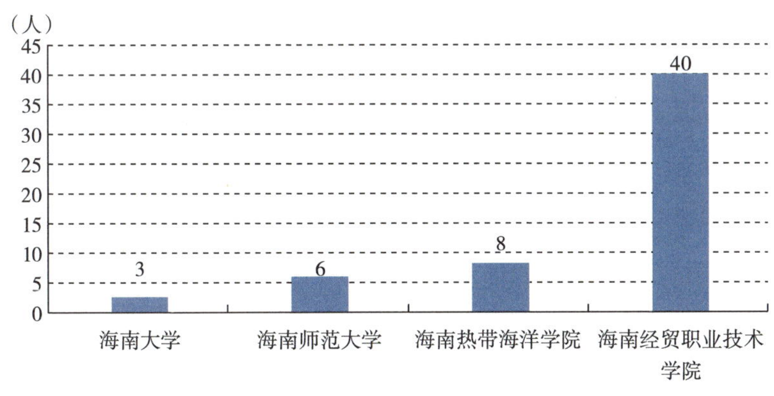

图 10－4 2018 年海南省各高校国际学生申请咨询勤工助学情况

（二）主要创新

1. 优化国际学生教育政策

深入推进教育服务贸易试点工作。海南省始终以创新驱动发展推进国际留学生教育领域的健康成长，以高品质教育吸引人才，完善国际学生相关配套制度，优化国际学生教育政策，打造“留学海南”品牌，进一步扩大海南高等教育对外开放程度和国际化水平，建立国际教育岛。从“推—拉”理论出发，采用二分法原则，可以将海南省教育服务贸易试点工作归纳为东道国的拉力，“拉力”的因素决定国际学生选择的最终结果。海南省结合本省地理优势从提高国际学生奖学金、提高教育质量、可获得国际生活经验、扩大经济资助和申请先进研究设备等方面发力，扫清了“留学海南”和国际学生流动之间的障碍。建立国家—省级—高校三级国际学生奖学金体系，发挥奖学金的导向性和针对性作用；出台勤工助学与就业方面的政策，在提高国际学生对于“留学海南”的吸引力的同时，众多国际学生在琼学习、勤工助学、就业以及旅行在一定程度上还可以促进海南经济建设和国际知名度的提高。

2. 拓展“一带一路”沿线国家学生来琼留学

海南省教育服务贸易试点工作始终以新时代“一带一路”倡议为依托，为建设海南自贸试验区和探索建设中国特色自由贸易港出谋划策，将留学生教育视为“一带一路”的基础性和先导性环节，将提高教育质量作为国家整体战略的重要支撑。海南省针对完善国际学生配套制度的三项政策：健全国际学生奖学金制度、调整公办高校自费国际学生收费标准、允许来琼国际学生在校期间兼职工作，重点拓展“一带一路”沿线国家学生来琼留学，引导国际学生了解中国国情和海南省情，增进民心相通，为国际学生构建立体化的服务，培养知华友华的世界公民。

四、案例启示

（一）打造“留学海南”品牌，是助力海南对外开放、集聚海外人才的重要开端

建设海南自贸试验区和中国特色自由贸易港，必须要在全球范围内集聚人才，唯有如此才能让海南自贸试验区更有竞争力。如何让海外人才了解海南、喜欢海南、留在海南，是海南自贸试验区建设面对的主要挑战之一，而打造“留学海南”品牌向国外高端人才打开了一扇了解海南的窗户，将极大地促进海南吸引、聚集更多海外高层次人才，为海南自贸试验区建设提供智力支持和源源不断的内生动力。

国际学生教育是一项意义深远的工作，这项工作不仅可以促进我国高校教育国际化，同时也是提高我国国际地位和声誉、弘扬民族文化和科技交流的重要渠道。打造“留学海南”国际品牌是提高海南省教育国际化水平的新出发点，也是增强海南省教育领域内源性牵引力、提高教育质量的新契机。在新的时代背景下，打造“留学海南”品牌、培养高质量的国际人才正与“一带一路”建设需要大量复合型专业人才的参与相承接，而打造海南国际教育岛也为我国在教育领域扩大国际影响力和提升国家软实力增添新的动力。海南省为培育和引进海外人才，在政策推出时进行了充分的调研论证，在政策实施阶段也意识到实施政策精准度和与时俱进的重要性，契合了海南建设自贸试验区和中国特色自由贸易港的需要。

（二）完善的配套制度为储备和引进国际人才提供政策支持

健全国际学生奖学金制度、调整公办高校自费国际学生收费标准、允许来琼国际学生在校期间兼职工作是完善国际学生配套制度的重要一步，优化了国际学生教育政策，是打造“留学海南”品牌的重要举措之一。为储备、引进一批国际人才，相关部门出台了《海南省高等学校国际学生校

外勤工助学管理暂行办法》，这为留学生通过实践更加深入了解海南以及未来在海南的就业提供了政策支持，也为政府更好地服务人才提供了制度基础。同时，在留学生奖学金制度上不断大胆创新，健全奖学金制度、增设全额奖学金，现阶段来华留学生奖学金包括中国政府奖学金、当地政府奖学金、孔子学院奖学金、学校和企业奖学金等，其中全额奖学金覆盖院校不多，且申请人资格要求较高，因此其他试点地区或教育资源丰裕的省份在招收国际学生工作中可以参考“打造‘留学海南’品牌”相关政策，增设全额奖学金并适时调整奖学金标准，提升国际学生教育的内涵，吸引高层次学生来华留学。调整国际学生收费标准与奖学金制度改良工作齐头并进，发挥了良好的政策协同作用，也不失为一种吸引国际学生来华留学的重要举措，也为其他省份在制定来华留学政策提供了借鉴和参考。

（三）以“留学海南”品牌为杠杆，充分发挥产业的乘数效应

打造“留学海南”品牌，可以从以下两个方面充分发挥产业的乘数效应，拉动海南服务贸易的发展：一是留学生本人及其亲戚朋友在琼的教育、旅游、餐饮、住宿等方面的支出直接拉动海南服务业发展；二是与互联网融合发展，带动教育服务出口的跃升。2019 年 1—2 月的远程教育及教育自然人移动项下出口额 41.41 万元，而上年同期数据为零。下一步，要进一步完善跨境远程教育政策体系，加强相应政策资源支持，充分利用信息技术和互联网平台，创造和发展教育服务贸易新生态。

（四）加强留学生在校期间勤工俭学工作相关制度的建设，切实维护留学生权益

很多省份允许留学生在校期间勤工俭学，留学生勤工助学自 2000 年依据相关法律可以在校内勤工俭学，到 2013 年留学生校外打工也具备了合法性。虽然留学生勤工助学有了一定的合法性，但是在保障留学生勤工助学合法权益方面仍存在一些缺陷。为保障学生权益，在《海南省高等学校国

际学生校外勤工助学管理暂行办法》中，进一步明确了申请勤工助学的基本条件、岗位、范围、工时和酬金以及权益保障方式和路径，指出将国际学生勤工助学协议作为其维权依据，由相关部门依据勤工助学协议协商解决，达到既要实现服务常态化，也要加强动态监管的目标。

五、专家点评

统计显示，出国留学规模的持续增长，使中国生源领跑世界。改革开放 40 年来，各类出国留学人员累计已达 519.49 万人，目前有 145.41 万人正在国外进行相关阶段的学习和研究。近年来，我国留学生出国学习、回国服务规模双增长，与国家战略、行业需求契合度不断提升，发展态势持续向好。据教育部统计，2017 年，我国出国留学人数突破 60 万大关，达 60.84 万人，同比增长 11.74%，继续保持世界最大留学生生源国地位。我国出国留学人员目的地仍相对集中，多数前往欧美发达国家和地区求学，“一带一路”沿线国家成为新的增长点。

海南作为面向太平洋和印度洋的重要对外开放门户和 21 世纪海上丝绸之路战略支点，地理位置优越、自然环境优美，适宜推进各种类型的中外教育交流合作。在建设全岛自贸区和中国特色自由贸易港的大背景下，海南将通过引进国内外优质教育资源，加大政府奖学金资助力度及扩大教育对外交流平台等举措，全方位、多层次、宽领域推进全省教育合作与交流，推进教育服务贸易创新，早日建成国际教育岛，全面提升海南教育对外开放水平。

所谓国际教育岛建设，就是在基础教育、职业教育、高等教育协调发展基础上，重点引进国内外高等名校在海南设立分校，培养与海南经济社会发展相适应的符合国家经济社会对外开放要求的具有国际视野、通晓国际规则、能够参与国际事务和国际竞争的国际化人才。未来海南要以服务全岛自由贸易区、中国特色自由贸易港建设为导向，坚持“引进来”与

“走出去”相结合，扩大教育双向开放，以开放促改革、促发展。特别是以引进国内外优质教育资源为重点，以调整优化现有教育资源和结构为出发点，不断扩大优质教育资源供给，着力优化教育发展结构，推动教育服务走向国际市场，推动海南教育全面做精做强，加快提升海南教育对外开放水平和竞争力。

点评专家：海南师范大学中国特色自由贸易港研究中心执行主任　刘锋

创新案例十一

加密海南直达全球主要客源地的国际航线

图片来源：中国民航网

一、案例背景

国际航线、航班的开通不仅带来航空旅客吞吐量的快速增长，直接促进航空公司机票收入、国际旅游收入的增加，而且随着城市国际化的推进和知名度的提高，还会给当地商贸服务业带来额外的拉动效应。作为国际旅游消费中心的海南，加密开通国际航线、航班既能促进海南旅游业的发展，同时又能为自由贸易区（港）的建设奠定坚实的基础。

2017 年，海南省委、省政府提出 2020 年国际航线达到 100 条以上的目标，省第七次党代会也提出“加密境外航线，努力建成世界一流的海岛休闲度假旅游胜地”。2018 年，习近平总书记在庆祝海南建省办经济特区 30 周年大会上的重要讲话和中央 12 号文件中提出“加密海南直达全球主要客源地的国际航线”，海南自贸区总体方案又提出“推动海口、三亚与‘一带一路’国家和地区扩大包括第五航权在内的航权安排，提高机场航班保障能力，吸引相关国家和地区航空公司开辟经停海南的航线”以及“鼓励中外航空公司新开或加密海南直达全球主要客源地的国际航线”。

上述政策措施表明，开通国际航线、航班对海南具有重要意义。海南省政府相关部门积极采取措施，为开通和运营海南国际航线、航班提供便利，解决海南国际航线偏少的问题，保障入境旅游发展以及各领域的对外合作交流，促进服务贸易创新发展试点工作。

二、主要做法

结合《中国（海南）自由贸易试验区总体方案》相关要求，海南省将继续加大国际航线开放力度，不断发力开拓新的国际航线，进而提高海南的世界知名度。具体做法如图 11－1 所示

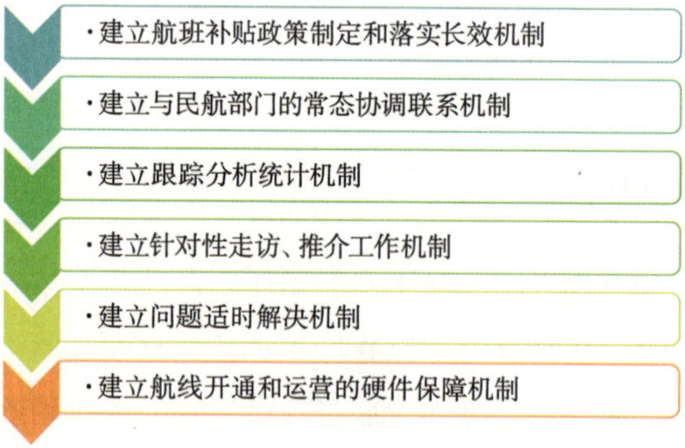

图 11－1　“加密海南直达全球主要客源地的国际航线”主要做法

（一）建立航班补贴政策制定和落实长效机制

2016 年 6 月 27 日，海南省印发《海南省整合和调整有关民航客运财政补贴政策条款实施办法》，有效实现了各级政府航空补贴政策的统筹。2017 年，海南省进一步推动建立完善了省级统筹配套和督促协调、市级政府自主制定和实施航班补贴政策的机制，制定了到 2020 年各年、各市的航线执行和开通目标计划，推动海口市政府、三亚市政府分别出台《海口市鼓励民航业发展财政补贴实施办法》《三亚市鼓励民航业发展财政补贴实施办法》，并推动省财政厅落实省级财政对各市开通境外航线航班的补贴资金的配套补助，对开通洲际、亚洲各国首都城市，亚洲各国其他地区的航线航班分别按省、市 1∶1、0. 8∶1、0. 6∶1 的比例共同负担，对开通港澳台地区的航线航班分现有和新增航班分别按省、市 0. 6∶1 和 1∶1 的比例共同负担，进一步调动了市级政府主动性和保障了财政补贴效益。2018 年，海南省再次推动了补贴政策的完善和落实工作，出台《海南省省与市县民航客运补贴分担办法》、起草《海南省基地航空促进国际旅游消费中心建设发展考核评价办法》，分别推动三亚市政府出台《三亚市鼓励拓展境外航线财政补贴实施办法》、海口市政府起草相关补贴政策和 2017 年各项补贴的发放落实（图 11 －2）。

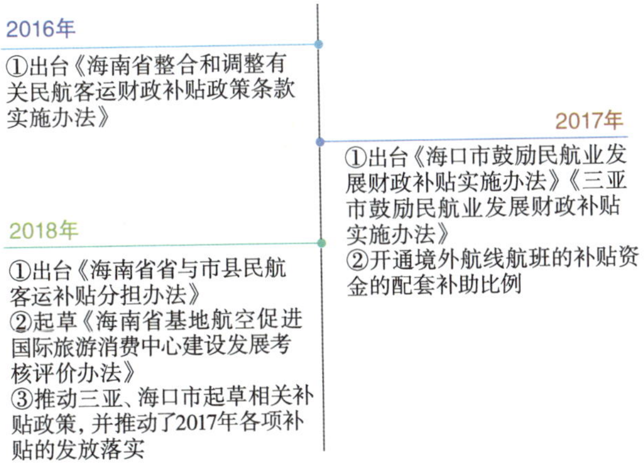

图 11 －2　航班补贴政策开展进程

（二）建立与民航部门的常态协调联系机制

海南省建立与民航局综合司、运输司、空管局、运行监控中心以及民航中南管理局等部门的有关国际航线开通的常态协调联系机制，通过拜访、致函、电话联系等多种方式，实时争取有关国际航线开通和加密的支持。

（三）建立跟踪分析统计机制

一是建立国际航线相关数据月报、日报制度。海南省要求机场公司每日报送国际航线总体运行情况、每月报送详细运行情况。二是建立国际航线定期分析制度。海南省交通运输厅每月对国际航线统计数据进行分析。三是建立日常动态跟踪机制。海南省交通运输厅不定期与航空公司、包机单位联系，实时跟踪国际航线开通动态，并进行研判（图 11－3）。

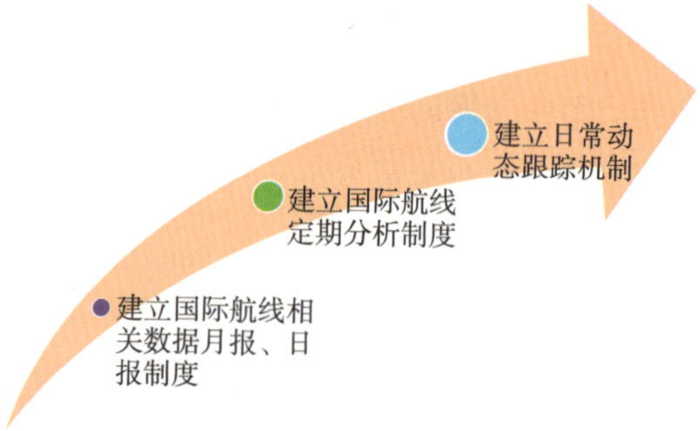

图 11－3　分析统计机制

（四）建立针对性走访、推介工作机制

根据对国际航线的分析，海南省交通主管部门积极牵头或协调机场走访各地政府民航工作部门、机场公司、航空公司，宣传推介航班补贴政策，并针对重点航线合作进行专项洽谈。

（五）建立问题适时解决机制

根据国际航线跟踪分析情况，主管部门与航空公司、包机单位就其遇到的补贴申请和时刻、航权、飞行计划审批等问题，详细研究和讨论，及时协调相关部门解决，对无法协调解决的问题及时上报省政府讨论研究。

（六）建立航线开通和运营的硬件保障机制

海南省交通运输厅2016年至2017年3月牵头政府各部门、有关企业配合军方完成了空域精细化管理改革试点，并对美兰机场进离场航线分离和小时容量调增至30架次、凤凰机场V40航线固化实施等进行调整，为国际航线开通和运营创造了良好空域条件。同时，2016年以来，海南省交通运输厅、省发改委、空管部门、机场公司共同推动了空管、机场项目建设，使博鳌机场和永兴机场投入使用以及美兰机场候机楼升级改造、凤凰机场三期改扩建、海口二次雷达站项目、博鳌二次雷达站项目等项目完工，为国际航线开通和运营提供了坚实的机场硬件保障。

三、主要创新

（一）综合补贴模式拓展了海南省国际航线航班

制定出台了《海南省整合和调整有关民航客运财政补贴政策条款实施办法》，有效拓展了海南省国际航线航班，恢复了境外重点客源市场，为提高海南国际旅游岛国际化水平做出了新的贡献。海南省自2003年开始实施航班补贴政策，也是我国较早实施航班补贴政策的省份。近年来，海南省不断完善航班补贴政策体系，建立了省级配套统筹、市级制定具体政策和实施的两级政策体系，以及“人头补贴＋班次补贴＋一次性奖励补贴＋其他补贴”等综合补贴模式，并按地域、定期或不定期、直达或经停、开通年度等对补贴政策进行细化，有效发挥了补贴政策的经济效应，为国际航线开通和运营提供了坚实保障（图11－4）。

图 11－4　航班补贴政策

小资料

每班最高补 90 万元！三亚出台财政补贴办法鼓励拓展境外航线

三亚加密直达全球主要客源地国际航线的工作 2018 年 11 月 18 日又传佳音，该市出台《三亚市鼓励拓展境外航线财政补贴实施办法》（下称《办法》），侧重补助航空公司和包机公司自营、直飞境外的航线，新开国际定期直飞航线的航班补贴每班最高可达 90 万元，符合条件的航空公司或包机单位入境境外旅客补贴每人次最高可达 900 元。

为大力培育境外定期直飞航线持续健康发展，建设空中交通网，三亚结合近年来境外航线拓展中的实际情况，调整补贴办法，新《办法》在补贴标准中明确了新开亚洲和洲际定期直飞航线航班、加密航班、不定期直飞航线航班和定期经停航线航班的补贴标准。

根据《办法》，新开亚洲（含澳台地区）定期直飞航线航班按小于 4 小时、4～8 小时、8～12 小时、12 小时以上等四个往返航程时段区分，每班给予 6 万元至 28 万元不等的补贴。新开洲际（俄语地区航线按亚欧洲际航线确定）定期直飞航线航班补贴，按照小于18小时、大于18小时等两个往返航程时段区分，每班给予40万元至90万元不等的补贴。新开境外不定期直飞航线航班（开飞前连续24个月无航空公司或包机单位执飞过三亚到该境外城市航线的境外定期直飞航线航班，执行期少于1年但执行航班总数多于13班）补贴，按照新开境外定期直飞航线航班补贴标准的50%给予补贴。航空公司或包机单位运营的新开境外定期直飞航线航班执行期满3年后，对亚洲航线航班（含港澳台地区）和洲际航线航班，分别给予200万元和300万元的一次性额外补贴。对培育期已满3年的境外定期直飞航线航班（不含港澳台地区）原则上不再给予航班补贴。

港澳台航线实行常态化补贴，对琼港航线的同一家航空公司在保持每天1班基础上的新加密航班，每班增加1万元补贴。

为确保航线补贴能切实推动赴琼国际旅游消费人数的增长，《办法》特别明确入境旅客量的补贴标准。对航空公司或包机单位执飞亚洲航线（含港澳台地区）和洲际航线的所有境外直飞航线航班（含新开境外不定期直飞航线航班），分别按入境境外旅客每人次400元和600元的标准给予补贴；对航空公司或包机单位执飞的新开境外定期经停航线航班，按亚洲经停航线和洲际经停航线的区分，分别按入境境外旅客每人次600元和900元的标准给予补贴。

《办法》同步调整机场旅客吞吐量增长的奖励标准，对三亚凤凰国际机场在全年航班放行正常率平均达75%以上且无重大安全事故的条件下，年境外航线旅客吞吐量比上一年增长10%以上（含10%），给予机场公司200万元奖励；同比增长20%以上（含20%），给予其奖励500万元。

资料来源：《海南日报》

（二）提升了海口美兰机场和三亚凤凰机场航班放行正常率

督促两机场公司分别制订《海口美兰国际机场航班正常性管理提升工作方案》《三亚凤凰国际机场航班正常率提升方案》并严格落实，提高了旅客进出海南的通达性和便利性。

（三）积极实施海口美兰进离场航线分离方案，空域和航线资源得到进一步优化

积极协调军、民航有关单位支持，推动提高海口美兰机场航班放行正常率、海口美兰机场进离场航线分离工作和调增高峰小时容量工作落实。海口美兰进离场航线分离方案于2016年12月8日正式实施，进出海口美兰机场的民航航路航线由“二进一出”形成“两进两出”的新格局，海口美兰机场空域容量提升10%以上，空域和航线资源得到进一步优化，高峰小时容量由27架次/小时调增至30架次/小时（于2017年1月1日正式实施），新增高峰小时容量将优先用于保障开通国际航线航班。

四、案例启示

海南岛屿经济体的属性及独特的地理区位决定了其要实现国际旅游消费中心的战略目标，就必须加强与全球市场的互联互通，为全球主要客源地提供丰富便捷的航空服务，其中，通过加密国际航线实现旅游目的地的可达性是必不可少的基本条件。

（一）市场驱动和产业发展需求是开通国际航线的内生动力

中央赋予了海南建设自由贸易试验区和中国特色自由港的使命。依托国家部委陆续出台的相关政策，海南将集聚旅游、医疗、健康、科技、商业服务等高端产业，力争成为华南地区乃至整个中国内地面向太平洋和印度洋的重要对外开放门户。这些产业的发展对境内外高端人才流动的便利性和配套资源配置的高效性提出了更高的要求。产业发展内生性需求和独特的岛屿地理位置决定了海南要扩大对外开放的步伐，而加密国际航线是海南与国际市场互联互通的前置条件。开通航线意味着人员能便利出入境，但航班是否能持续运营取决于市场需求和盈利空间的大小。这就要求政府、航空公司要精准对接市场需求，优化航线网络布局，扩大航线网络辐射范围，促进航线航班合理化运营，确保国际航线“引进来，稳得住”。

（二）有力的政策支持是初期培育航线持续健康发展的重要基础

开通境外直达航班，投入大，风险高，投资成本回收期较长。为了鼓励企业积极参与，政府部门根据实际不断创新补贴政策和补贴方式，通过落实省、市两级财政对各市开通境外航线航班的补贴资金的配套补助，与企业共同承担市场开拓成本和风险。稳定的利好政策为企业参与投资运营增强了信心，为培育高端旅游市场奠定了基础。

（三）配套政策制度为国际航线开通和运营提供有效支撑

海南省开展了空域精细化管理改革，使空域环境不断完善，完成了一批机场、空管项目建设，这些硬件设施的完善为航班稳定运营保驾护航。针对境外航空公司的航油保税政策，建立了海口美兰、三亚凤凰国际快件监管中心，也为国际物资流通提供了便利条件。59 国人员入境免签政策，意味着境外旅游市场开拓空间进一步增大，为航班运营提供了更广阔的盈利空间。

五、专家点评

2016 年 2 月，海南省开展服务贸易创新发展试点，积极争取国家民航局放宽新增境外航线航班限制等政策支持。2017 年，海南省委、省政府提出 2020 年国际航线达到 100 条以上的目标；省第七次党代会也提出“加密境外航线，努力建成世界一流的海岛休闲度假旅游胜地”。2018 年，习近平总书记在庆祝海南建省办经济特区30周年大会上的重要讲话和中央12号文件中提出“加密海南直达全球主要客源地的国际航线”；海南自贸区总体方案提出“推动海口、三亚与‘一带一路’国家和地区扩大包括第五航权在内的航权安排，提高机场航班保障能力，吸引相关国家和地区航空公司开辟经停海南的航线”以及“鼓励中外航空公司新开或加密海南直达全球主要客源地的国际航线”；国务院批复的《深化服务贸易创新发展试点总体方案》也提出了“进一步扩大对外开放”“进一步提升便利化水平”等任务，进一步放宽了海南国际航线、航班的限制。

在航权方面，从欧美国家建设枢纽机场的经验来看，从城市向中枢辐射航线网络机构转变的过程中，无不伴随着航权开放问题。日本、加拿大、韩国航空业得以发展的很重要的原因是充分利用了第六航权。现在海南的基础发展势头不错，航路有了，物流也带动起来了，海口、三亚机场二期工程也将加大投入进一步完善基础设施建设，但是国际国内的物流客流还有巨大的增长空间和潜力，需要在拓展第五航权市场的基础上，研究推进第六航权乃至第七航权的开发利用。第六航权，又称为“桥梁权”，是指某一国家或地区的航空公司在境外两国或地区间载运客货且中途经停其登记国或地区的权利。如果从较为专业的角度观察，第六航权实际是第三航权和第四航权的结合与延伸。第六航权虽然没有第五航权那么复杂，看起来也似乎没有第五航权那么富有含金量，但其重要性和价值同样不容小觑。相对于第五航权，第六航权管制相对宽松，享有第三、第四航权的航空公司并不需要额外的第六航权授权。这种便利赋予了第六航权两种重大的价值，一是极大地扩展了航空公司的市场覆盖面，对于海南航空港客货量的快速增长意义重大，能给港区经济发展提供更广阔的空间和想象力。二是能够提供更多高端的民航旅客。第六航权关系到海南航空港的未来发展空间和地位问题，换句话说，海南航空港要想发展成为中国民航复合中枢，有必要大力开发第六航权。

当前第六航权正成为国际航空市场竞争的焦点，对于新兴市场国家的航空业发展非常重要。开发第六航权意味着市场资源的成倍放大。有关资料显示，一条国际航线能够带来每年几十万元的国际客流，能够促进基地航空公司的壮大，最终打造和巩固海南航空港国际中枢地位。日航、大韩航空及其基地机场的成功，第六航权的开发居功至伟。

点评专家：海南省政府研究室副主任　熊安静

创新案例十二

推行公务机出入境“一站式”服务

图片来源：新华网

一、案例背景

近年来，海南口岸呈现出以下特点：一是公务机、商务机增长迅速。随着海南国际旅游岛建设的不断深入，三亚旅游热持续升温，各种重大庆典、国际性赛事相继在三亚举办，国家政要和社会各界知名人士入出频繁。二是博鳌亚洲论坛安保等重大勤务标准高、要求严。自 2001 年海南作为博鳌亚洲论坛总部永久所在地以来，三亚凤凰机场作为海南省业务量最大的边检单位，一直是与会政要及重要贵宾主要的入出境口岸，每年都肩负着博鳌年会的安保工作及贵宾专机的边防检查任务。

为响应国家“一带一路”倡议中“加大海南国际旅游岛开发开放力度，强化三亚国际门户机场功能”相关要求，同时做好海南自由贸易区建设便利口岸通关各项工作，海南边防总队凤凰边检站不断探索公务机出入境边防检查新模式、新内容，以提供高端服务措施，保障重特勤务开展为依托，带动口岸整体服务水平提高，有利于助推海南省旅游经济发展。

小资料

2018 年 8 月 19 日，凤凰边检站在三亚凤凰国际机场出入境大厅开展“中国边检服务品牌集中宣传日”主题活动，向全社会宣传中国边检机关的服务理念、职业追求和服务承诺，宣传、普及出入境边防检查常识。

据悉，凤凰边防检查站于 2014 年 10 月成立全国现役制边检站第一家公务机专门查验队伍，在三亚口岸联检单位中率先实现人员分工的专业化、精细化，全力助推三亚旅游经济发展。

此外，还推行公务机“一站式通关”模式的“简环增效”措施，在确保管控安全的基础上实现了公务机、商务包机旅客随到随检、零等待、零停留；组织技术人员对 26 国免签团速验通关系统进行升级改造，将网上预报系统和前台速验系统的使用范围扩展到所有旅游团队，旅客均可免排队通关，还实现了返程旅客免申报免排通关，单个旅游团旅客查验耗时不断缩短等。

资料来源：《三亚日报》

二、主要做法

由于公务机旅客行程、出入境人数和时间较为灵活等特点，结合《公务商务飞机出境入境边防检查管理办法》相关规定，海南边防总队凤凰边检站主要通过以下几个方面推行“一站式”服务，吸引公务机入境（图 12－1）。

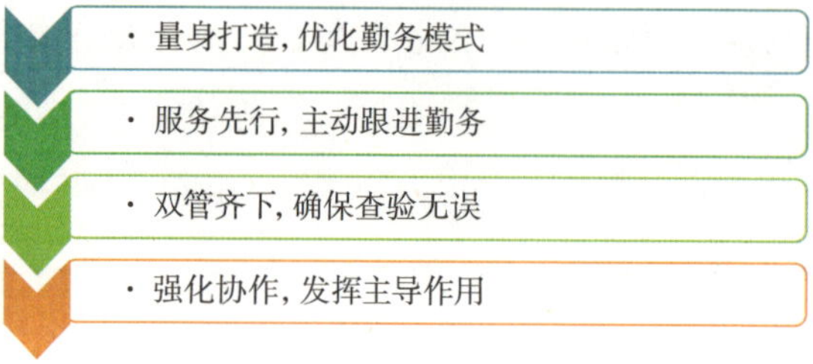

图 12－1　推行公务机出入境“一站式”服务，吸引公务机入境政策主要做法

（一）量身打造，优化勤务模式

成立凤凰边检站公务机检查科，并为公务机量身定制“一站式”通关检查，实现公务机旅客随到随检，“零等候、零停留”。一是预检巡查确保安全。针对当前公务机公司尚未具备互联网 API 申报条件、公务机乘员调整频繁的实际情况，凤凰边检站立足严峻的管控形势，通过电子邮箱、微信平台与公务机代理公司建立实时互通的公务机预检预报机制，预先对入境旅客信息进行审核，并派出专人赴公务机预停机位进行巡查，以“一对一”的方式对公务机通关流程进行全程监管。二是简化流程快捷验放。在严格执行《公务商务飞机出境入境边防检查管理办法》的基础上，根据公务机旅客礼遇要求的不同，适时派出工作小组登机办检，将验证平台前移，同步实施人证对照、证件检查、舱单核对、清舱检查工作，精简检查流程，缩短验放时间。三是交流沟通促进合作。为加强同驻场单位的协调配合，凤凰边检站派员为各公务机代理及相关驻场保障人员进行业务培训，并在每次勤务结束后邀请公务机公司人员对验放中各环节的衔接问题进行研讨，不断完善国际航线公务机通关保障工作（图12－2）。

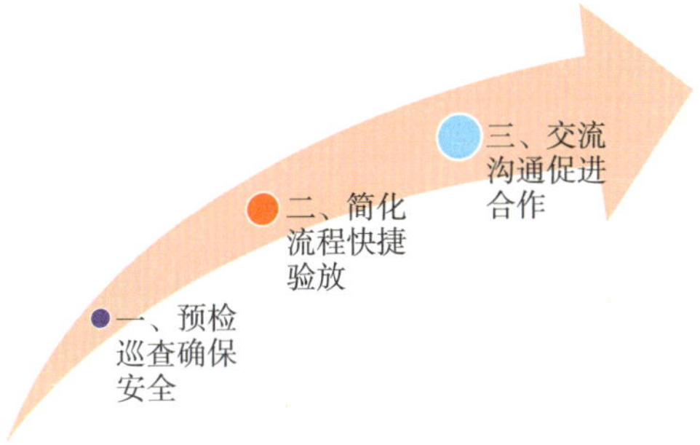

图12－2　优化勤务模式

（二）服务先行，主动跟进勤务

公务机旅客行程、出入境人数和时间较为灵活，经常出现因个别旅客临时改变行程而导致出入境时间变动，因随行人员临时增加或减少而导致先前提交的申报单需要变更等现象。为了更好地服务好公务机旅客，保障好口岸经济的良好发展，通过利用公务机边检航显短信平台和设立边检公务机微信信息平台，加强和公务机公司代理的沟通交流，化被动接受通知为主动询问信息，提前掌握公务机入出境的旅客及员工人数、时间变化情况，督促公务机代理及时对申报单进行更改，避免申报单因公务机代理疏忽未及时更改而耽误旅客正常出入境的情况出现。

（三）双管齐下，确保查验无误

公务机作为高端商务活动和行政事务活动中主要交通工具，在法律规定范围内最大限度地满足公务机旅客需求，是服务口岸经济最直接的做法，而公务机旅客的第一需求，就是时间。在边检职能范围内，能够在确保查控工作无误的前提下，以最快速度为公务机旅客办理入出境手续，就是满足需求最好的途径。一方面通过边检公务机微信信息平台，建立了“拍照预检”机制。即根据公务机出入境抵达地，在航班验放前通过公务机代理人员有选择地获取旅客资料页及签证（注）等信息，再由公务机检查科组织检查人员对相关证件资料进行学习准备，做到勤务组织准备更加充分，可有效缩减真伪辨别、有效性核查、问题处理等环节的时间，公务机旅客验放时间至少减少30%。另一方面强化办检能力。公务机检查科以边检业务岗位练兵考核系统为基础，创新业务培训形式，设立“业务人人讲坛”栏目，由科员轮流负责一期的授课任务，提高对业务文件、证件鉴别和现场问题处理等知识学习的主动性，熟悉查验流程和各种边检手续的办理，熟记英、法、美等主要乘坐公务机来往我口岸国家护照证件的防伪特征。截至目前，凤凰边检站公务机检查科已开办了多期“业务人人讲坛”活动，科员均领取了旅客员工章并能够熟练验放公务机旅客及员工。

（四）强化协作，发挥主导作用

各相关部门建立协作配合长效机制，探讨交流公务机检查事宜，进一步明确各相关部门在公务机出入境检查中联动协作、旅客及行李物品检查、信息共享、情况通报等方面的责任，确保每一次出入境勤务均能够保证各部门相关人员全部到位实施检查，有效地杜绝了以往除正常执勤时间，其他相关部门较少人员配合凤凰边检站的现象。发挥好维护正常的公务机出入境秩序，并定期开展交流活动，通过讲授、座谈等形式，深入分析公务机出入境检查现状，及时总结协作配合经验，构建互助共赢的部门协作配合网络，确保公务机出入境旅客顺畅通关，打造出服务于国际旅游岛经济建设的边检服务品牌。

三、主要创新

依托“双航站楼”为公务机旅客提供三种服务：快速常规通关、贴身快验通关和特勤高效通关。

（一）快速常规通关

适用普通公务机乘客及机组人员的出入境边防检查，采取以下通关措施：①为机乘提供安全保障：硬件改造、防暴防恐工作准备、人员预查控工作开展。②定制式快捷通关服务：为旅客提供场地预约、为旅客设计通关服务。③注重事前大幅缩短通关时间：根据预报做好当班证件知识学习和准备所需资料，做好预查控工作。采取发放“受检指引卡”，设置“边检候检区”和提供“叫检服务”。取得以下服务效果：①构建安全防护体系，为旅客提供前所未有的安全通关保障。②提供随到随检服务，24 小时为旅客提供快捷通关服务。③建立预报分析机制，单个航班验放时间较以往提高 50%（图 12－3）。

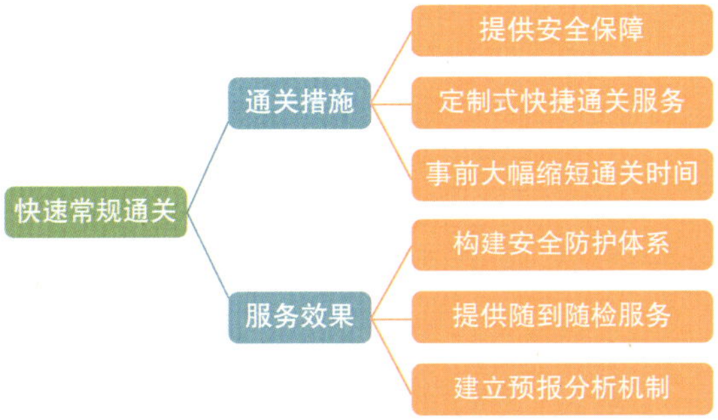

图 12－3　快速常规通关措施与服务效果

小资料

三亚凤凰边检站提高 59 国入境免签游客通关速度

170 名旅客 30 分钟通关，单个旅客通关速度仅用 10 秒。8 月 18 日晚，一架由俄罗斯克拉斯诺亚尔斯克直飞三亚的航班顺利落地，三亚凤凰边防检查站启用人工查验和自助通关双通道，实现旅客入境快速通关，这是该口岸当天第 8 架入境的国际航班。

记者从海南公安边防总队三亚凤凰边检站获悉，自今年 5 月 1 日海南省实施 59 国人员入境旅游免签新政至 8 月 18 日，三亚凤凰边检站入境人数 25.5 万人次，其中 59 国免签入境人数 14.5 万人次，占比 57%。

凤凰边检站坐落于中国南部热带滨海旅游城市三亚，担负着三亚凤凰国际机场航班、人员、旅客的出入境边防检查任务。近年来，三亚不断开通新的国际航线，凤凰边检站当前验放量外国人占比85%。

三亚凤凰边检站增设“59国人员入境海南旅游免签”专用通道，实现适用政策国家入境游客“随到随走”，提高通关速度。

“每名旅客检查控制在一分钟之内，要完成人证对照、证件鉴别、录入查验信息，确定无误后，在护照上盖上验讫章。”检查员周佳男说。

今年以来，海南公安边防总队围绕59国来琼免签、中国公民排队不超过30分钟以及出入境领域放管服改革等新政策，通过优化勤务模式，调整通道设置，启用自助设备，公开办结时间等措施，有效维护了海南口岸的安全稳定和通关顺畅。

资料来源：《海南日报》

（二）贴身快验通关

适用享受礼遇及重大外事活动贵宾及机组人员的出入境边防检查，采取以下通关措施：①重大外事活动采用专用通道验放等方式。②为非礼遇贵宾提供VIP服务。

统一采取旅客不在验证前排队候检、边检收齐证件统一办检，清舱干警在机上和休息室进行人证对照的检查方式。取得以下服务效果：①实施流动验放模式，做到无缝对接，快速验放重大外事活动贵宾，完全省去以往接还护照的时间。②根据规定主动跟进，为部分非礼遇贵宾提供验证区域“零停留”，用“咖啡时间”代替“候检时间”的验放模式，省去以往旅客排队候检，在验证台停留等待的时间（图12－4）。

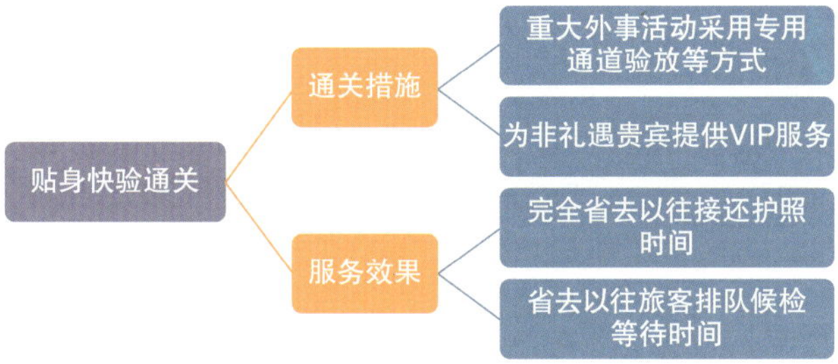

图 12－4 贴身快验通关措施与服务效果

（三）特勤高效通关

适用人员及迫降航班紧急救助、备降航班、临时入境人员及机组的出入境边防检查，采取以下通关措施：①提供备降接送机服务。对于任意一架公务机备降航班，只要旅客愿意，边检均允许乘客下机等候。②“首问首办负责制”为临时入境人员提供便利。边检提供“专人服务”，用流动验放模式为其办理入境手续。③“事先查验”和“公路办检”相结合启动绿色通道。

采取通关措施后的服务效果如下：①为任意备降公务机乘客提供下机休息服务，改变以往飞机停留时间较长才安排乘客下机休息的做法。②协助公务机公司为因不可控因素临时入境的公务机乘客办理相关手续，保证旅客快速入境。③紧急救助和为突发事件人员出境实行事先办检，保证出境人员一站登机(图 12－5)。

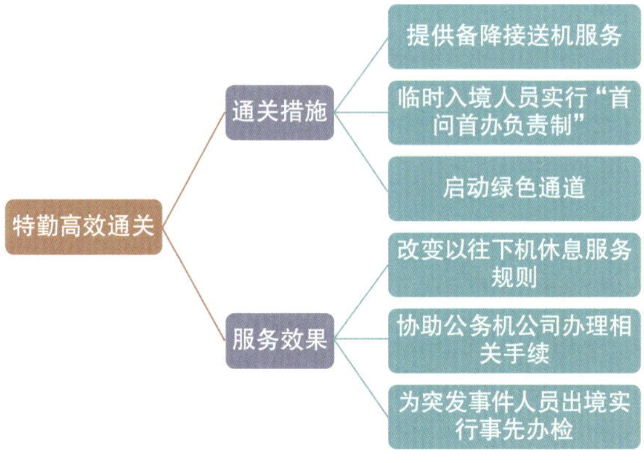

图 12－5 特勤高效通关措施与服务效果

四、案例启示

（一）以服务为宗旨，获得高效便捷的客户体验是检验政策创新实效的标尺

随着海南自由贸易试验区、中国特色自由贸易港建设进程的加速推进，海南高端商务活动和行政事务活动中公务机数量呈快速增长的趋势，服务质量的好坏和效率的高低会直接影响海南省的外界形象和营商环境。为满足客户对服务质量和时效性的需求，边检站为公务机量身定制“一站式”通关检查，通过事先预检巡查、事中简化流程快捷验放、事后交流沟通改进服务的方式，使客户获得高效便捷的服务体验。

（二）以需求为导向，简化公务机入境程序是提升服务质量的重要保障

创新公务机出入境边防检查新模式，针对服务对象的需求采取不同的检查方式，如针对普通公务机乘客及机组人员采取快速常规通关，针对适用享受礼遇及重大外事活动贵宾及机组人员采取贴身快验通关，针对迫降航班紧急救助、备降航班、临时入境人员及机组采取特勤高效通关。在实践中，对受到服务对象广泛认可的特殊勤务措施进行宣传、推广，让所有需要帮助的旅客在任何时候都能够享受到高水准的通关保障服务。

（三）充分利用信息化技术是增强监管效能的关键

以公务机出入境“一站式”服务为代表的便利化措施，是以风险管理、分类管理和信用管理为基础，利用微信信息平台开展预检，科学协调把守国门和快速通关的关系，既保障了出入境人员的安全，又充分发挥了新型监管模式的灵活性，真正做到“事前降低门槛，事中提高效率，事后加强监管”。下一步，可以根据个人社会诚信度进一步加强信用记录在事后监管中的应用。

（四）推进公务机“一站式”创新举措是优化海南营商环境的重要抓手

随着海南自由贸易试验区、中国特色自由贸易港建设的推进，各种国际性的大型文化活动和体育赛事频繁在海南三亚召开，在高端商务活动和行政事务活动中用作交通工具的公务机数量呈快速增长的趋势，公务机边防检查工作也逐渐进入人们的视野，服务质量的好坏和效率的高低会直接影响海南省的外界形象，进而影响海南省的营商环境，良好的服务质量和高效的通关是提升营商环境的重要举措。

五、专家点评

在实践中，各种促进贸易便利化的措施大都体现在通过贸易程序和手续的简化、适用法律和规定的协调、基础设施的标准化和改善等，为国际贸易活动创造一个简化的、协调的、透明的、可预见的环境。因此，贸易便利化涉及的内容十分广泛，几乎包括了贸易过程的所有环节，其中海关与跨境制度是问题的核心。

公务机“一站式”通关模式是在确保管控安全的基础上，通过改造升级网上预报系统、前台速验系统、通关系统，实现公务机、商务包机旅客随到随检、零等待、零停留的模式，旅客均可免排通关，还实现了返程旅客免申报免排队通关，单个旅游团旅客查验耗时不断缩短等。

海南省为了推进公务机“一站式”通关服务，组建专门的公务机业务检查科，实现单证交接、手续办理，减少了公务机候检等待时间。“一站式”通关服务可为公务机旅客提供包括公务出行、商旅出行、专线自由行、国际通关等在内的“一条龙”服务。边检部门应切实提升自身专业化能力，改进服务，使海南省各机场公务机服务平台更具吸引力、竞争力和价值创造力，为海南经济发展做出新贡献。

在政府行政职能的转变过程中，从监管到监管和服务并举的理念值得思考和借鉴。推进公务机“一站式”通关服务体现了相关部门“急社会之所急，想社会之所想”的思维模式。在“安全高效管住”前提下，“放开”是通关模式的大胆创新。优化流程，实现关检合作等具体做法体现了政府部门从监管向监管和服务并举的理念，为更多监管部门转变政府职能、建设服务型政府提供了借鉴。

推进公务机“一站式”通关服务为真正实现“一线放开，二线管住”提供了有效路径和宝贵经验。公务机“一站式”通关服务极大简化了公务人员进境的备案程序和手续。在大数据时代，可以借鉴公务机“一站式”通关服务模式，借助现代信息工具，进行分类管理探索对非公务人员进行信息信用分级以及实现国家间的信息共享，使更多的国际旅客享受便捷的通关服务。

本案例说明，由于贸易便利化措施不涉及关税的减免，改变烦琐的作业流程在现有制度框架内是可以大有作为的，是贸易便利化的有效方法之一。而且，贸易便利化措施可以根据对象的特征而设计。监管部门在确保国门安全的基础上，根据监管对象的特征和进出境的实际需要，制定个性化的贸易便利化措施，就会带来“双赢”的结果。

点评专家：海南大学经济学院副院长、副教授　余升国

第四篇

提升行政效能

创新案例十三

服务贸易统计创新

图片来源：海南省统计局

一、案例背景

随着计算机技术与互联网的飞速发展和革新，全球各个国家和地区皆已在不同程度上进入“大数据时代”。大数据时代给政府统计带来机遇与挑战。大数据具有数据大量化、类型多样化、快速化和价值高等特征，数据的采集、处理、应用和发布不再只依靠政府统计来实现，其时效性、准确性和公信力不足是政府统计工作面临的最大危机。将大数据融入政府统计工作是当前政府统计部门的迫切需要，也是必然选择。

服务贸易的统计是一个包括主要发达国家都难以攻克的世界性难题，许多服务贸易的概念还没有彻底搞清楚。全国各试点地区都在积极探索，但难以建立起科学的统计体系。如果没有足够的数据支撑，既不能很好地反映试点工作成效，也影响政府决策。服务贸易概念的模糊导致了各国与地区的统计在口径和方法上都存在一些差异，这就需要政府在实际工作中结合本地区的实际来探索适用的统计方法。对于海南省来说，传统方法在服务贸易统计的应用中存在偏差，不能完全反映服务贸易的实际情况。

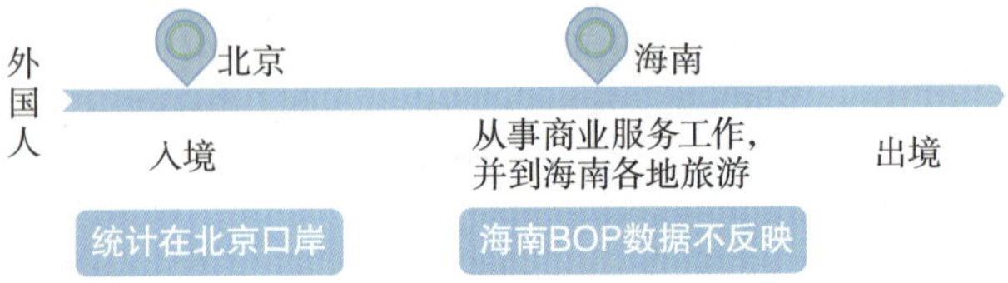

图 13－1　海南对 BOP 数据调整原因之漏统现象

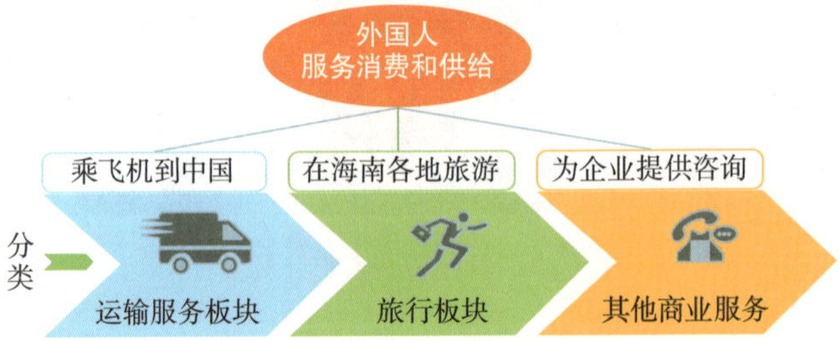

图 13－2　海南对 BOP 数据调整原因之分类复杂现象

在未经调整的国际收支平衡表（BOP）数据中，服务贸易的概念和国际通行的概念存在差距，且存在漏统、分类不清的现象。这种现象不是 BOP 本身分类不清，而是有一部分服务贸易的概念有着交叉和企业的业务数据存在重叠导致的。如图 13－1 所示，一个外国人从北京入境，再到海南从事一系列的商业服务工作、在海南各地旅游后出境，存在漏统现象。这个过程中外国人的数据统计于北京口岸，而实际的服务消费以及服务供给在海南发生的，却不会反映在海南的 BOP 数据中。再如图 13－2 所示，此人在中国发生的服务贸易分类复杂。乘坐飞机的消费属于运输服务板块；在海南从事商业服务如为企业提供法律咨询，属于 BOP 归类中的其他商业服务；而在海南旅游属于服务出口，归类在旅行板块。

另外，海南省在餐饮、住宿、美容美发、人像摄影和洗染家政等居民生活服务业的统计中，企业小、散，几乎没有传统概念上的规模以上企业，传统的抽样统计的方法不适用。因此，海南省的服务贸易统计应基于传统方法的创新统计，加入大数据统计和分析。

为此，海南省人民政府办公厅于 2017 年 10 月 31 日颁布出台了《关于印发海南省服务贸易统计工作方案的通知》，探索建立较为科学的服务贸易统计体系。海南省的服务贸易数字统计基于 BOP 数据进行调整，实现统计工作流程电子化、网络化，充分挖掘数据资源，为政府决策服务。

二、主要做法

在建设海南自由贸易试验区和探索中国特色自由贸易港的过程中，统计工作是服务贸易最重要的基础工作，需要通过互联网等新型技术手段全方位、多视角地挖掘及分析服务贸易统计数据，寻找政策发力点。海南省开展三项工作建立健全服务贸易统计体系（图 13－3）。

图 13－3　海南省建立服务贸易统计体系三项工作

（一）建立统计监测、运行和分析体系

健全统计体系从制度创新、指标创新和方法创新三个方面入手，如图 13 –4所示，首先是出台《海南省服务贸易统计工作方案》，设计企业基层表、行业统计表、综合统计表等一套统计表格，全面统计企业、行业及全省服务贸易整体发展情况；明确各部门的责任分工，从行业主管部门到综合管理部门，全面整合，多角度、多维度、系统地反映海南省服务贸易实际情况，实现制度创新。其次是通过细化海南省服务贸易试点发展所选的六个重点领域中的八个方面行业发展指标，反映海南省服务贸易重点领域的发展情况，实现指标创新。最后是多渠道获取统计数据，通过向中国移动、银联等国企购买数据的方式破解某些指标数据获取难的问题；通过基础数据科学推算等方式探索服务贸易四种模式（跨境提供、境外消费、商业存在和自然人移动）的全口径统计，实现方法创新。

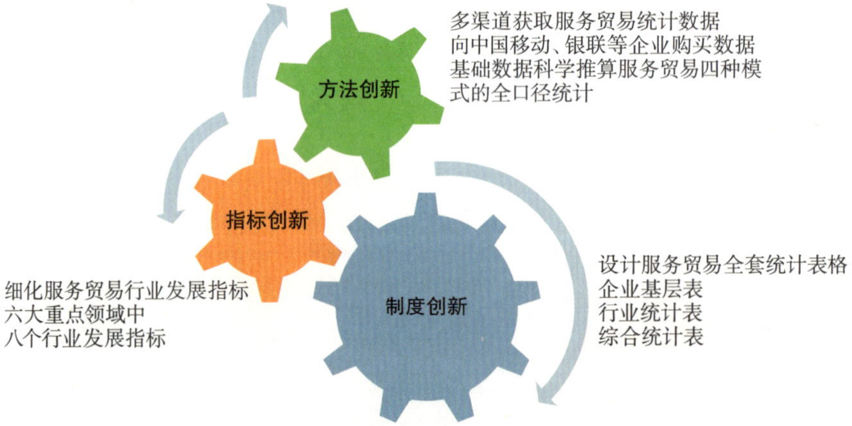

图 13 –4　建立统计监测、运行和分析体系三大创新做法

小资料

2018 年 11 月 30 日上午，海南省统计局在海口市召开部门统计工作座谈会，研究海南自由贸易试验区（自由贸易港）统计体系建设和任务分工，深化海南统计改革创新。31 个省直有关部门、中央驻琼有关单位负责统计的处室负责人和业务人员，省统计局相关处室（中心）负责人和业务人员共 80 多人参加了会议。

《海南自由贸易试验区（自由贸易港）统计体系建设任务分工（初稿）》由 7 部分 47 项统计任务组成，是在深入研究习近平总书记“4·13”重要讲话、中央 12 号文件、自贸试验区总体方案等文件和统筹考虑各部门工作的基础上制定的，拟通过自贸试验区统计体系的建立全面及时反映海南改革开放进程。

要求各部门结合海南自贸试验区建设后的新变化新要求，继续发挥部门统计在政府综合统计中的重要作用。讲话指出，建立海南自贸试验区统计体系是适应海南深化改革开放的需要，也是深化统计管理体制改革提高统计数据真实性的要求。要求各部门要深刻认识建立海南自贸试验区统计体系的重要性，围绕全面服务领导决策需要，加快建立适应自贸试验区建设需要的统计体系框架。讲话对做好自贸试验区和探索自贸港统计工作提出四点要求：一是强化服务大局意识，加强组织领导和工作协调；二是强化质量第一的意识，夯实部门统计基层基础；三是强化自我革新意识，加强统计制度方法的研究；四是强化法律意识，坚持依法统计。

此次座谈会对海南省统筹政府综合统计和部门统计资源建立自贸试验区和探索自贸港统计体系起到了较大的推动作用。一方面使各部门充分认识到建立自贸试验区和探索自贸港统计体系的意义，激发了部门开展统计工作的积极性；另一方面促进了各部门与省统计局相关处室的业务对接，为下一步开展相关统计合作打下了良好的基础。

资料来源：海南省统计局官网

（二）开展重点企业数据直报

在商务部分配海南省 29 家重点企业名录的基础上，结合国家外汇管理局海南省分局提供的数据，梳理海南省服务贸易企业名录，发动企业通过商务部直报系统填报数据。

（三）推动部门信息共享

搭建服务贸易政务综合平台，整合各部门服务贸易统计信息，实现共用共享。海南省商务厅与国家外汇管理局海南省分局建立合作机制，共同推进服务贸易统计制度创新。

小资料

海南“统计大数据”建设正式启动

2018 年 9 月 13 日上午，首届海南大数据创新应用大赛发布会在海南数据谷隆重举行。本次大赛主题为“数字海南·智创未来”，将围绕“统计大数据”“智慧交通”“健康医疗”“互联网 + 教育”等八大主题，向国内外优秀企业、团队征集大数据创新解决方案，旨在深入发掘海南政务大数据应用，解决政府难点和百姓关注热点。

作为八大应用主题之一的“统计大数据”，目的是实现统计工作全流程电子化、网络化，在政府统计中推广使用大数据；充分挖掘数据资源，为政府决策服务。建设目标是搭建海南统计大数据平台，以基于智能门户的业务管理与协同、数据采集、大数据建模分析、GIS 可视化展示为主要内容，整合部门统计数据资源和互联网数据资源，优化统计业务流程，加大互联网技术与统计业务的深度融合，提高统计全流程业务的信息化水平。

本次大赛分设应用组和创新方案组，赛制分为初赛评审、初赛路演、决赛路演三个环节，主办单位将组织专家制定统一评选标准和评定打分，并选取规定数量参赛队伍进入下一比赛环节，最终决出大赛名次。

大赛由国家信息中心指导，省工信厅主办，省统计局等协办。大赛的主办方不仅为参赛队伍提供展示平台，还通过项目孵化等方式帮助参赛队伍与创投资本、有关企业开展资本对接。对于已实现对接的可产业化获奖作（产）品，按照相关法规对符合条件的给予资金扶持，帮助项目顺利落地；对于大数据优秀项目的服务，政府可优先购买服务，为公众提供免费服务。

资料来源：海南省统计局官网

三、主要创新

海南省商务厅从 2016 年开始探索大数据统计工具的应用以及数据挖掘的方法，到现在已经掌握了一套行之有效的统计方法（图 13－5）。

图 13－5　服务贸易统计大数据来源

海南省服务贸易统计在大数据工具的决策应用上的主要成效在于编制并印发了 2016 年、2017 年和 2018 年《海南服务贸易统计报告》。

海南服务贸易统计以 BOP 数据为基础，结合旅游服务进出口统计数据，辅以大数据分析，从整体趋势和分布特点两个方面对海南省服务贸易发展情况进行梳理形成。从中得到了比较详细而可靠的服务贸易整体运行情况、行业分布情况、贸易伙伴国别分布情况、市场主体情况，并进一步对异常数据进行分析，获得有用的政府决策信息，从而分析出存在的主要问题和下一步工作思路（图 13 -6）。

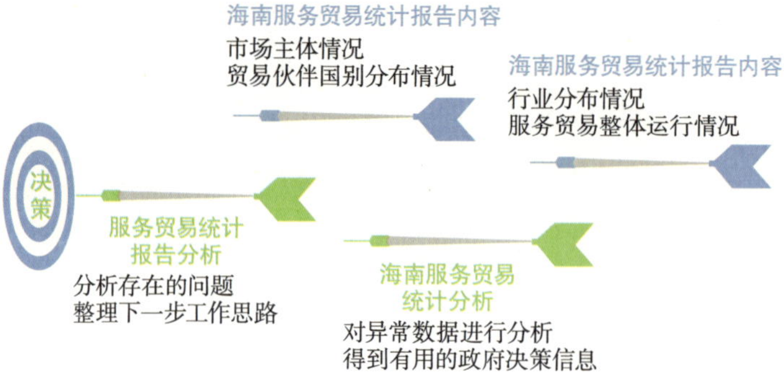

图 13 -6　服务贸易统计大数据在决策中的应用成果

因此，大数据分析的工具和数据信息挖掘的方法在以上两个类型的经济决策中是行之有效的。相对于传统的分析方法，大数据分析的工具样本点数据是传统工具的几十倍甚至几百倍，信息量更为庞大，连一些细枝末节的信息也可以获取并进行分析。大数据分析工具通过各种信息的关联性，挖掘出有效、准确的信息。与此同时，政府部门也应该引入具有专业素养的统计人员，与和专业的第三方机构合作，包括高校、大数据公司和掌握核心大数据的机构等（图 13 -7）。

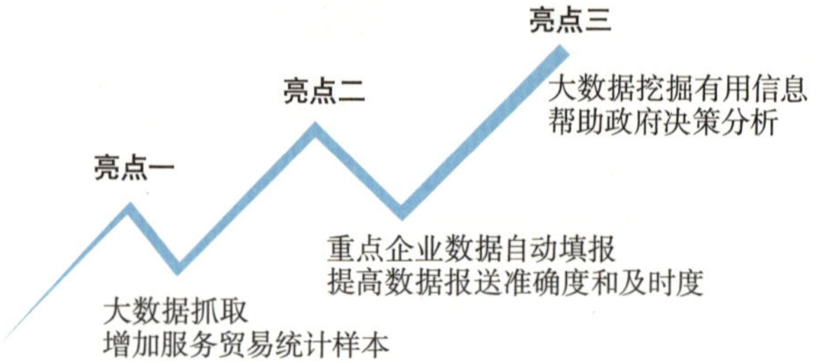

图 13 -7　大数据在政府决策中的运用亮点

小资料

海南省统计局召开全省服务业统计业务培训会

2018 年 9 月 6—7 日，海南省统计局在海口市组织召开全省服务业统计业务培训会。全省服务业企业新任统计人员 70 余人以及全省各级统计机构服务业统计业务分管领导和业务骨干 40 余人参加了培训会。

会议首先要求大家要认真贯彻落实国家统计局服务业司会议精神，进一步增强责任感紧迫感，不断提高服务业统计数据质量，积极主动适应当前新兴服务业蓬勃兴起、服务业经济主体地位日益凸显的形势，努力提高新兴服务业统计能力和服务业经济运行分析能力。

其次，对参会企业以及市县统计局服务业统计人员开展了统计普法。现场发放了《中华人民共和国统计法》，并结合日常统计工作有针对性地对《统计法》相关条文进行了重点介绍，包括调查对象的基本义务、统计资料的保密规定、统计违法行为的法律责任等具体内容的详细讲解，使参会企业及统计机构业务人员更直观地了解统计法律法规。

再次，对今年新入库企业统计人员以及企业变更的统计人员进行了业务培训，对企业联网直报客户端操作方法以及服务业企业相关统计报表制度进行了详细讲解，总结了企业报表数据质量中的常见问题，督促企业要进一步提高责任心，依法依规认真填报各项服务业统计报表。并对联网直报企业出入库流程以及 2017 年版国民经济行业分类标准进行了介绍。同时重点讲解了海南省为提高服务业企业基础工作推行实施的企业基础工作目录管理办法，明确企业要按照办法的具体要求建立统计台账、完善统计制度、做好统计资料的保管和交接等，认真落实企业基础工作目录管理。

复次，会议对规模以下服务业企业抽样调查业务进行了总结和进一步部署。重点对二季度局队业务交接后统计局系统首次开展规模以下服务业企业抽样调查工作情况进行了总结，对工作中存在的问题进行全面梳理，并对接下来的规模以下服务业企业抽样调查工作提出了具体的要求，希望统计局系统能够有的放矢针对问题改进工作，进一步提高规模以下服务业企业抽样调查数据质量。

最后，就如何进一步做好全省服务业统计工作提出了几点意见：一是要高度重视服务业统计工作；二是要推进依法统计，不断提高服务业统计数据质量；三是要创新统计方式方法，努力做好“三新”服务业统计工作。

资料来源：海南省统计局官网

四、案例启示

（一）加强顶层制度设计，强化依法依规统计

海南省服务贸易规模较小，缺乏统计基础，随着试点工作的深入，深刻认识到服务贸易行业的发展离不开高质量数据和完善的统计体系，统计必须做到依法依规。根据商务部出台的服务贸易统计制度，海南省结合实际情况，以省政府办公厅名义印发《海南省服务贸易统计工作方案》，在试行基础上进行修订完善。这为统计工作的开展打开了良好的局面，也提供了依法统计的政策遵循和依据。

（二）利用“直报系统＋部门统计”方式，建立适合海南省的统计体系

服务贸易作为一个领域，涉及的行业面广，企业数量多，而且随着业态融合，某些行业的货物贸易和服务贸易绑定在一起，这直接增加了统计

难度。同时，有些企业由于对服务贸易认识不够，甚至不知道自己一直从事的业务属于服务贸易范畴。这些服务贸易统计特有的因素决定了不能单纯依靠传统的抽样调查统计方式进行行业统计，在企业进行系统直报的基础上，要结合 BOP 数据，利用关键行业的部门统计结果对统计口径、测算方法进行修订、补充，如利用 BOP 项下旅行进出口数据和旅游委部门统计数据进行比对、调整统计口径和范围，最大限度做到服务贸易重点行业的“应统尽统”。

（三）建立健全大数据应用的法律规范和数据共享机制，多措并举营造优质统计环境

相关行业政府管理部门通过采集企业直报数据和运用大数据分析方法，建立部门统计制度。如何充分挖掘这些建立在大数据应用基础上存储的公共数据资源的价值，让它们能更全面地为公共决策科学性服务，是值得研究的课题。一方面，要完善各类大数据应用的安全保障机制，既要保证数据信息安全可控，又要明确相关主体提供数据源的法律义务，为大数据在政府统计中的应用奠定基础；另一方面，应有效整合来自政府职能部门、行业协会、中介组织等相关部门的公共数据资源，推动公共数据资源的开放共享。

五、专家点评

大数据的时代已经来临，目前对于大数据的研究和实际应用已经成为信息科技领域中的研究热点，大数据在公共事业、金融、消费、教育、工业及医疗等众多领域已经有着广泛的应用，有着大量成功的案例。众所周知，服务贸易所面临不同国家和地区的政策、法律、经济、风俗及文化的不同，造成了国际服务贸易相对于国内贸易其风险更大、过程更加复杂等，这就造成服务贸易的统计成为一个世界性难题，没有一个科学的强大的数据支撑，难以做到统计的准确性，也无法对服务贸易发展的实际情况作出科学研判。而将大数据引入到服务贸易领域，则可以在很大程度上降低数据的获取难度以及提高数据统计的准确性。大数据主要用途体现在以下两方面：

第一，对不同来源的数据收集、管理、分析及优化，然后再次反馈到这些数据的应用中，将进一步挖掘消费者的潜在需求，优化这些数据的实际使用情况。

第二，大数据将改变原有的数据处理方法，使得数据处理的样本更接近总体，所得出的统计结论可靠性更强。最后，大数据将在服务贸易企业发展中起到越来越重要的作用，将成为企业甚至国家提高竞争优势的重要手段。

未来在服务贸易统计过程中，进一步将服务贸易统计与大数据进行有机的融合，真正做到数据资源全社会共享，充分发挥大数据的社会功效。为此，从以下两方面提出工作开展的几个思路：

一是要增强大数据解读能力。我们不光要通过大数据来展现出服务贸易的发展实力，还要用大数据透视出经济现象，做到用“数据流”监测企业的资金流、物资流，掌握物资流向，及时监控资金流入、流出从而揣度服务贸易的发展趋势，预测服务贸易的发展方向。同时，要进一步完善数据采集平台、数据交换平台、大数据处理平台建设，在数据资源共享、应用方面有所突破，不断转变服务贸易统计方式，做到数据信息资源全覆盖，打造全新的统计服务模式，不断提升统计服务的软实力，做到精准查询、精准服务，从基础硬件上不断提升统计服务质量。

二是要构建大数据背景下开放共享的统计模式。大数据将催生出数字经济新模式，数字经济的运行模式将使数据流引导资金流，资金流引导物资流。在数字经济模式下，服务贸易统计部门要打造更加开放式的统计工作模式，共享数据资源，分享统计工作成果，为社会各界人士研究开发利用数据资源提供有力支撑。同时，加强与部门间的沟通与交流，增强部门联动效应，发挥商务部门、统计部门等职能优势，在数据开发与利用方面加强合作，充分利用职能部门的自身优势加强业务性指导，做到精准服务、优质服务、高效服务，提高统计部门共同开发数据资源的积极性，共同推进与落实数据开发与应用的新模式。

点评专家：海南大学经济学院副教授、博士生导师 孙鹏

创新案例十四

推进旅游管理体制改革

图片来源：搜狐网

一、案例背景

近年来，邮轮旅游、游艇旅游、海洋旅游、乡村度假游、婚庆旅游等旅游新业态不断涌现，外国游客逐渐增加，海南旅游的国际“朋友圈”不断扩大。2018 年，接待入境游客人数 126 万人次，同比增长 12.9%，旅游总收入 950 亿元，同比增长 14.5%，游客满意度不断提升，旅游消费环境不断优化，这些显著成效得益于在旅游管理体制和机制上改革创新。2016 年，海南被确定为全国首个“全域旅游创建示范省”，为抓住率先在全国开展省域“多规合一”改革的契机，海南把全岛作为一个大景区来规划建设，以“点、线、面”入手，全面启动全域旅游创建工作：一手抓发展，加快推进供给侧结构性改革，创新旅游产品和服务，使旅游与文化、农业、体育等产业深度融合、同频共振；一手抓规范，在加大对旅游市场违法违规行为查处力度的同时，不断健全和调整旅游管理体制机制。海南创新旅游综合管理和综合执法的“1+3”模式已形成“海南经验”，走向全国。

二、主要做法

为推进旅游管理体制改革，海南省以建立长效监管机制、综合监管机制、开展专项整治为行动方案，做出了一系列的努力（图 14－1）。

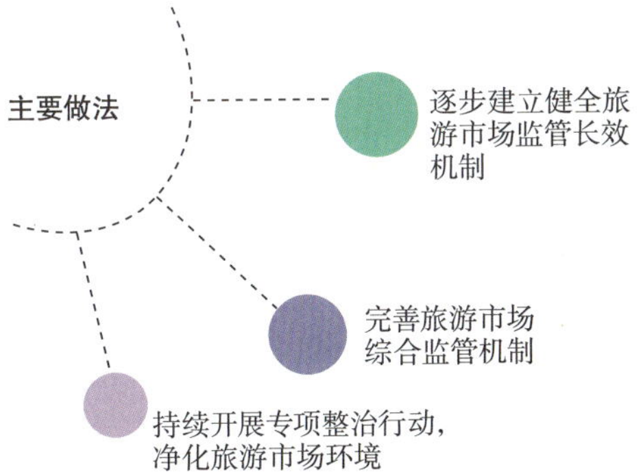

图 14－1 推进旅游管理体制的主要做法

（一）逐步建立健全旅游市场监管长效机制

为不断巩固旅游市场综合治理成果，海南省坚持严厉打击与建立长效监管机制相结合，深化改革，创新举措，逐步建立健全市场监管长效机制（图 14－2）。

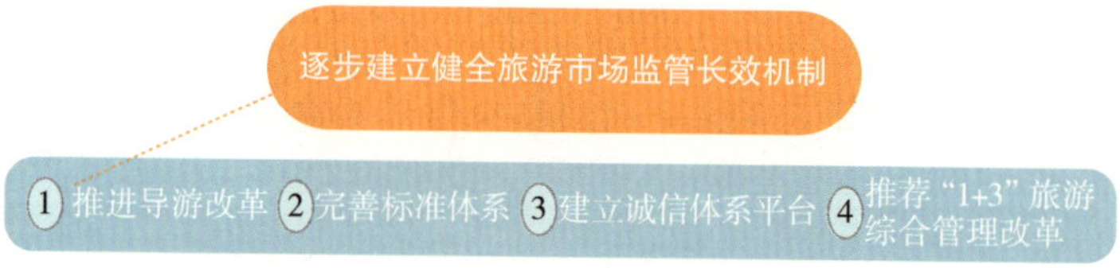

图 14－2 建立健全旅游市场监管长效机制方案

1. 推进导游改革

在全国率先推进导游员工化和导游公司实体化改革，保障导游的工资、社保。导游管理体制改革工作具体分为细化方案、动员发动、组织实施、检查整改和总结推广 5 个阶段进行，海南省目前着力完成了以下三项工作：

（1）严格导游准入机制。参加导游资格考试成绩合格，取得导游人员资格证书要求执业的人员，应当与旅行社或者实体导游服务公司或者其他涉旅企业签订劳动合同，方可取得导游证。导游证由导游本人或与导游签订劳动合同的公司统一办理。

（2）建立导游退出机制。严格执行《旅游法》《海南经济特区导游人员管理规定》等有关法律规章，对存在下列情形的，依法给予注销或吊销导游证：一是导游与所属旅行社、导游服务公司及涉旅企业解除劳动合同的；二是导游与旅行社、导游服务公司及涉旅企业签订虚假劳动合同的；三是导游证有效期满三年未申请换发的；四是导游违法违规被给予吊销导游证行政处罚的。

（3）强化导游管理机制。一是实行导游员工化。按照《旅游法》和《海南经济特区导游人员管理规定》及相关法规，导游执业必须与旅行社或导游服务公司或涉旅企业签订劳动合同，由导游所在企业为其交纳社会保险，支付劳动报酬。二是推进导游服务公司实体化改革。鼓励社会兴办导游服务公司，导游服务公司必须与导游签订劳动合同，导游成为公司员工，按照公司法人和公司管理模式进行管理，禁止向导游收取任何费用。三是规范委派服务管理。旅行社需聘用其他公司的导游从事导游活动的，应与导游所在公司签订劳务合同，并将导游服务费支付给导游所在公司。四是推行导游自由执业。所有导游员经核发导游证的旅游主管部门审核，进入线上线下平台、电子行程单平台，任何公司和个人均可电话或网上预约选择导游进行服务，导游劳务费用由第三方机构支付给导游所在公司。五是所有取得导游证人员都可以自愿加入相关旅游行业协会。鼓励相关旅游行业组织为提供线上、线下导游自由执业业务的机构，推荐本行业组织注册的导游，为导游提供执业便利和相关服务。六是加快搭建导游线上自由执业平台，与电子行程单平台对接互通。

海南省还从宣传培训工作、建立导游准入退出制度、开展导游人员调查摸底、严格核发导游证、开展旅行社专项检查五个方面开展工作，以确保导游管理体制改革顺利开展，取得实效。

小资料

2016 年，海南省启动导游管理体制改革，印发了《海南省导游管理体制改革实施方案》，大力推动导游员工化改革。加大对不合格旅行社和导游清理清退力度，2016 年共注销旅行社 34 家、旅行社分支机构 28 家、导游证 3 年有效期满未申请换发的导游 589 名。

自开展导游管理体制改革以来，累计在旅行社或导游服务公司签订劳动合同并办理社保的导游有 5328 人；累计清理僵尸导游 4396 人、僵尸旅行社 112 家、不交责任险旅行社 26 家。

资料来源：《海南头条》

2. 完善标准体系

海南省制定了《关于加快推进旅游标准化建设工作的实施意见》《海南省旅游标准化工作奖励办法（试行）》，编制修订了《乡村民宿服务质量等级划分与评定》等 10 个标准。联合省质量技术监督局开展省级旅游标准化试点工作。

（1）推行标准化带来新气象，媒体考察团点赞品质服务。

为了实现全域旅游标准化建设，2016 年海南成立了省旅游标准化技术委员会，进一步完善了海南旅游服务重点领域的标准体系建设，通过采取“以奖代补”的形式，充分调动了旅游企业和单位参与旅游标准化建设的积极性。

为了打造“海南旅游标准”品牌，使“品质旅游”观念更加深入人心，提升游客满意度，全面升级全省旅游标准化。海南省从完善旅游标准体系，加大旅游标准化推广力度，推进旅游标准化试点，加强旅游标准化监管，优化旅游标准化发展环境等五大方面推进各项工作。

（2）持续推进旅游标准化工作，打造标杆示范带动行业发展。

景区的实地体验感受只是旅游标准化工作建设的一个缩影。近年来，海南省高度重视旅游标准化建设，采取有力措施推进旅游标准化建设。实行旅游标准化是增强综合竞争力、提升旅游产业整体发展水平的关键要素。

3. 建立诚信体系平台

近年来，海南省完善了旅游诚信平台，建立健全“双公示”“双随机、一公开”工作机制，动态公布旅游诚信优质企业和违法违规失信企业。同时，海南省还联合相关部门制订旅游守信激励和失信惩戒措施，将违法违规企业依法纳入国家企业信用信息系统和省政府信用信息平台。

2017 年，三亚市建立起旅游信用监管体系，通过旅游信用积分，对涉旅行业、涉旅企业及旅游从业人员实施动态管理，有效净化旅游市场诚信环境。“信用积分制度实行五级赋分规则，其中守信信息分为 2 个等级，失信信息分为 3 个等级，其中严重失信信息将扣除 100 分。”三亚市政府相关负责人表示，每个企业、个人的初始信用分均为 100 分，涉旅企业与旅游从业人员分别积分，动态计算。信用积分的结果将作为诚信等级的评定依据，并将以积分结果为依据进行一系列联合奖惩。

三亚市还首次将12345热线、12301热线上的投诉信息和网络上的负面评价信息纳入信用积分体系，按照每1条负评扣1分的标准予以记录。其中，信用积分制度中信用积分最高的10%将被确定为旅游信用“红名单”，信用积分最低的10%被确定为旅游信用“黑名单”，且信用“红黑名单”与旅游监管各部门“红黑名单”互为补充，成为旅游监管的联合奖惩对象。此外，三亚市还将使用统一的信用信息标准，建设信用信息大数据平台，健全信用信息登录、检索、查询功能，实现信息共享，将失信单位、个人纳入重点监管范围，实时监控各项风险因素的变动趋势。该体系还将积极融入信用大数据分析，通过对旅游市场各类主体信用的现状进行定制分析，为旅游升级提供决策依据。

4. 推进“1+3”旅游综合管理改革

海南省正在积极协调并督促全省各市县成立综合性旅游管理机构和旅游警察、旅游巡回法庭、工商旅游分局的“1+3”模式，提升旅游综合管理和执法能力与水平。截至目前，全省18个市县全面实施“1+3”旅游综合管理和执法模式。

小资料

旅游警察

第一时间接受游客的报警、求助、咨询等。同时，与旅游、工商、交通等部门快速联勤联动，联合执法，维护旅游活动秩序、解决旅游治安事件、保障旅游事业健康发展。

旅游巡回法庭

游客在景点发生纠纷，最担心的是时间耗不起。但现在，随着旅游巡回法庭的设立，当发生旅游纠纷时，游客可保留证据，第一时间向旅游巡回法庭起诉。旅游巡回法庭快审快执的特点，使得在景区第一时间审理案件、调解纠纷，维护游客的合法权益成为可能。

工商旅游分局

文化和旅游部相关负责人指出，工商旅游分局，是把工商的专属职能因地制宜地融入旅游市场监管中，使工商的职能服务于旅游市场秩序整治工作，是治理旅游市场秩序的一把“利器”。

资料来源：海口网

三亚市的旅游警察、旅游巡回法庭、旅游调解委员会与各执法部门“四位一体”的旅游监管长效机制，获国家表扬全国点赞；儋州市按照“属地管理、部门联动、行业自律、各司其职、齐抓共管”的原则，构建“1+3”旅游综合管理与执法体系，市旅游委与公安、法院、工商部门形成联动机制，进一步维护的旅游市场秩序、确保游客合法权益。

小资料

每天早上 8 点，身穿特制警服的王盛骑上摩托车，从三亚市民游客中心出发前往三亚各大景区，开始一天的巡逻。

今年 32 岁的王盛是三亚旅游警察的一员。他告诉记者，他每天的任务就是在三亚各大景区以及周边巡查，打击“黑车”拉客、水果缺斤短两等违法违规行为，同时对市民游客的报警、求助以及咨询提供服务。“只要游客需要帮助，我们就尽量帮忙解决。”他说。

旅游警察不仅为三亚旅游市场保驾护航，更是游客在三亚安心度假、放心消费的“定心丸”，让游客感到发自内心的温暖。

资料来源：央广网

（二）完善旅游市场综合监管机制

一直以来，海南省高度重视旅游市场综合整治工作，推动建立权责明确、执法有力、行为规范、保障有效的旅游市场综合监管机制，印发相关通知，制定旅游部门及相关部门的责任清单，进一步明确各单位职责，建立了打击“五黑”违法行为工作机制，完善了假日旅游市场综合监管制度，建立了大三亚旅游圈联合执法机制（图 14－3）。

图 14－3　加强旅游市场综合整治具体做法

2013 年，海南省成立了旅游市场综合整治工作领导小组，分管副省长担任组长，省旅游、公安、工商、物价、交通等 15 个单位作为成员。2015 年又增加了省高院、省检察院、省民宗委、省国税局作为成员。海南省各市县均成立了分管领导任组长的旅游市场整治领导小组，承担本地区旅游市场监督管理第一责任，组织本地区、本行业的旅游市场监管工作。三亚市完善了旅游市场和环境综合整治工作领导小组，由市委书记、市长亲自挂帅，全市 35 个单位建立起联勤联动、快速反应工作机制。海口市建立了旅游工作联席会议制度，对旅游市场监管实施全市一盘棋管理。

2018 年 12 月 10 日，大三亚旅游经济圈第三次联席会议上指出，大三亚旅游经济圈各市县之间将建立联合执法机制，在旅游投诉互理、旅游市场互管、执法经验互学、质监信息互通、诚信建设互促五个方面开展协作，共同规范旅游市场秩序，切实维护游客合法权益，全面提升旅游服务质量，助力大三亚旅游经济圈区域旅游目的地打造，推动区域旅游产业发展。

1. 建立旅游投诉互理机制

海南省加强跨区域旅游质量投诉、旅游突发事件及重大纠纷矛盾应急处理协作，市县之间及时提供涉案信息，开展调查取证，缩短反应时间，提高办案效率。

2. 建立旅游市场互管机制

海南省加强各级旅游市场监管协作，认真贯彻落实《中华人民共和国旅游法》《旅行社条例》等法律法规，强化全面依法治旅，创新综合监管机制并采取明察暗访、联合执法、交叉检查等形式，在客源地与目的地共同开展旅游治理，遏制市场乱象。

3. 建立执法经验互学机制

相关部门建立联合执法备忘录，采取业务培训、座谈交流、执法观摩等形式，互派人员到各市县进行交流和学习并定期针对区域旅游市场存在的热点、难点、焦点问题，积极分享旅游执法案例，联合开展旅游执法专题调研活动，实现区域间资源共享、优势互补、共同进步。

4. 建立质监信息互通机制

海南省制定各市县旅游联合执法沟通专员制度，建立联合执法微信工作群。各市县旅游质监、旅游警察进行全面对接，对涉及对方的重大旅游服务质量投诉和涉旅违法违规行为及时通报，共同应对，配合处理。

5. 建立诚信建设互促机制

海南省建立大三亚旅游经济圈诚信商家体系和大三亚旅游经济圈旅游红黑名单榜，引导旅游企业诚信经营、从业人员遵守职业规范，提升大三亚旅游经济圈旅游服务品质。大三亚旅游经济圈还将及时公布违法失信行为和责任主体名单，对违法旅游企业严格落实惩戒制度。

小资料

以“零容忍”态度净化团队游市场

协议签署会上，审议通过了《大三亚旅游经济圈不合理低价游联合整治方案》。根据该方案，在2018年12月25日至2019年4月30日期间，“大三亚”旅游经济圈四市县将联合开展旅游市场整治工作，严厉打击非法散发旅游传单、非法揽客、“黑”社、“黑”导、旅游“黑”车、强制消费和组织、接待不合理低价游等旅游市场的违法行为，规范旅行社和旅游客运经营管理，净化团队旅游市场。按照“问责一批、吊销一批、停业整顿一批、摘牌一批、规范一批、曝光一批”的要求，采取约谈教育、日常检查、暗访调查、联合查处等方式，以“零容忍”的态度重拳打击旅游经营中的违法行为，坚决遏制“不怕罚、罚不怕”和屡禁屡犯等问题，切实巩固整治效果，并形成常态化监管制度。

资料来源：海南旅游官方微博

（三）持续开展专项整治行动，净化旅游市场环境

图14－4　旅游市场综合整治的工作原则

海南省充分发挥旅游市场综合整治领导小组办公室作用，省交通、公安、市场监管、税务等单位，按照“统一领导、属地检查、部门分工、分片包干、责任到人”的工作原则，持续保持旅游市场综合整治高压态势。近年来，海南省组织开展了打击海上非法旅游、不合理低价游、旅游网站严重违规失信、春季行动等11次专项整治行动；相关部门在元旦、春节、国庆等节假日组织开展了8次驻点假日旅游市场综合检查（图14－4）。

2018年初，海南省印发了《关于进一步加强旅游市场综合治理的通知》，提出旅游市场治理四项措施，重点在4个领域开展专项治理：原省工商局负责开展旅游购物专项治理；原省文化广电出版体育厅负责开展旅游潜水、旅游演艺市场专项治理；省公安厅负责开展旅游市场“黑社”“黑车”“黑导”“黑船”专项治理；原省旅游委负责开展旅游合同专项治理（图14－5）。

图14－5　旅游市场专项治理

小资料

2016年12月22日下午5时30分，三亚市民游客中心接待室一如往常。多批次暗访员、旅游委、旅游警察等相关部门负责人、律师齐聚一堂，目的明确，听取当日明察暗访情况，分类依法予以惩处，部署下一步整治行动。

“我们根据线索今天对三亚某酒店进行突击检查，发现位于酒店一楼的三亚相国商旅公司是‘黑社’，当场查获2万多份非法一日游传单和假导游证等违法违规材料。”三亚旅游质监局工作人员

> 透露，当天已对涉案企业立案调查，依法分别对涉案企业、责任人处以10万元、2万元处罚。
>
> “每天这个时间整治办成员准时到位汇总研判市场情况，暗访线索随即交由相关部门查处，明察行动当天有结果，坚决查处清理黑社、黑导、黑车、黑船、黑店（简称旅游‘五黑’）等旅游市场中的‘害群之马’。”三亚旅游质监局局长张理勋说。
>
> 下午6时许，研判完查处的“黑社”情况，一位暗访员立即呈上对三亚海上丝绸之路大剧院的暗访情况。“坚决查处！”三亚旅游委主任当即下决定。
>
> 不到一个小时的时间内多部门动员开展联合执法。当晚10时许，三亚就已对外公布查处情况，涉案剧院因销售书法作品明码标价不规范、存在消防隐患被依法查处。
>
> 资料来源：环球网

2018年8月，海南省旅游市场综合整治工作领导小组印发《关于进一步深入开展不合理低价游专项整治工作的通知》，联合9个厅局，聚焦6个重点市县，集中力量、精准发力，严厉打击组织、支撑“不合理低价游”的旅行社、旅游购物点、旅游景区点、旅游演艺点等违法违规企业和个人。对在综合整治、专项治理、市场常态化检查中发现的重大问题，按照“督查立项、通知催办、报告反馈、审核结案”的工作程序，要求各相关部门和相关市县限时解决、及时反馈（图14－6）。

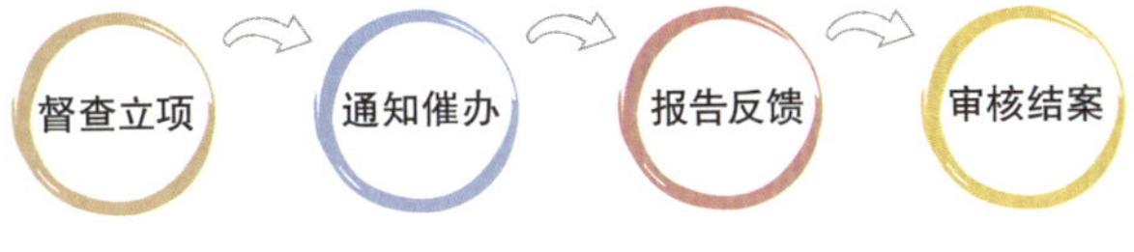

图14－6　旅游市场专项治理工作程序

此后，海南省又组织开展了暑期“利剑行动”“红盾春雷”等专项整治行动，在全省范围内对旅游市场不合理低价、索取高额回扣、擅自改变行程等违法违规行为开展综合整治。而后，对外曝光了两批扰乱海南省旅游市场的违法违规旅游企业和个人。

三、主要创新

近年来，海南省始终坚持依法治旅、依法兴旅理念，以维护旅游者和旅游经营者的合法权益为重点，全面加强旅游市场监管，旅游消费环境不断优化，旅游投诉2016年同比下降60%，2017年同比下降23%。2016年海南省设立旅游发展委员会的市县共12个，设立旅游质监执法部门的市县共9个，实施“1+3”旅游综合管理和综合执法模式的市县共3个。全年完成旅游培训项目55个，培训人员涵盖导游等一线旅游从业人员共计93801人次。较上年相比，导游持证上岗人数增加了310名，导游劳动合同签订率增长了18%，全年累计1215名导游签订劳动合同和办理社保，导游社会保险缴纳率变化情况增长了11.2%，2018年1月至9月，海南省共接待入境游客约80万人次，赶超上年全年水平，同比增长62%，9月单月接待入境游客达8.35万人次，同比增长66%。在推进旅游管理体制改革的工作中，主要有三点创新成效（图14－7）。

图14－7　推进旅游管理体制的主要创新

（一）全面推进全域旅游发展，持续创新体制机制

近几年，海南省以创建全域旅游示范省为抓手，坚持“点线面”结合，以创新为引领，全面推动旅游体制机制改革，推动景点旅游向全域旅游转变，推动观光旅游向度假休闲旅游转变。

海南省不断健全旅游统筹协调机制，推动建立旅游产业发展统筹协调领导工作机制和联席会议制度，建立成员单位公开信息通报和会商制度，协调推动市县完善全面统筹领导旅游产业发展机制，全力推进旅游产业供给侧结构性改革向纵深发展。此外，海南省还建立了旅游督查考核机制，围绕海南各项重大决策和重要工作部署开展督查工作，确保决策部署落地生根。督查工作方法包括专项负责、重点突破、调动力量、形成合力、深入实际、摸准情况、加强信息报送、按程序快办事。同时，海南省还推动建立旅游重大决策和重大项目立项联审制度，建立旅游相关的城镇、交通等方面专项规划出台前须征求旅游部门意见机制（图 14－8）。

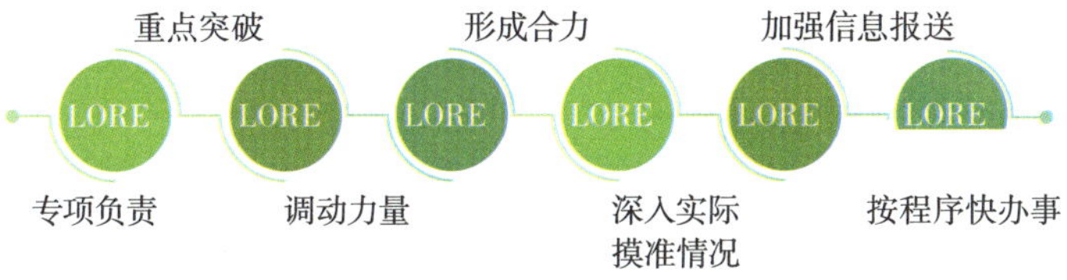

图 14－8　督查工作方法

（二）严控市场，监管模式不断完善

市场规范，是旅游发展的重要条件。近年来，海南省不断加大旅游市场违法违规行为查处力度，不断健全和调整旅游管理体制机制，着力加强重要时间节点旅游市场监管，解决旅游市场中重点和难点问题。

小资料

海南将12345政府服务热线和12301旅游服务热线资源整合而成三亚数字化综合监控系统平台。此举与旅游警察队伍建设相辅相成。这个平台既是12301旅游调度指挥中心，也是旅游警察的指挥中心。在这里，不仅能看到旅游警察在不同景区执勤时传回的实时画面，还能全天候24小时受理游客投诉或建议。“每个游客投诉或反映的问题都由话务员跟进，直到游客满意为止。”

同时，“三亚智慧法院电子送达平台”正式上线，是全国首个微信电子诉讼文书送达小程序。在三亚海棠区试点的“矛盾纠纷多元化解”示范工程，取得显著效果。

资料来源：《海南日报》

根据《文化和旅游部办公厅关于开展暑期旅游市场秩序专项整治的通知》要求，海南省印发专门方案开展暑期旅游市场整治，严厉打击“不合理低价游”、强迫消费和非法经营旅行社业务等问题。整治期间，共出动执法人员235余人次，检查旅游企业156余家（次），检查导游320余人次，对主要开展新马泰出境旅游业务的9家旅行社进行了约谈，查处涉旅企业15家（次），涉旅个人17人，责令停业整顿旅行社11家，罚没款90余万元。在2018年春节、国庆期间，联合有关厅局组成5个督导检查组，赴各市县开展旅游市场督查检查；原省旅游委成立3个办案组，灵活机动查办案件。检查组累计发现问题156个，累计发出整改通知57份，有效促进了一大批问题的整改，切实维护了旅游市场秩序。在2018年博鳌论坛期间以及十九大召开前夕等重要时间段，海南省也重点加强了旅游市场综合监管。

小资料

2015年10月，三亚成立了中国首支旅游警察队伍，专职维护三亚旅游市场秩序和治安环境，综合协调处理旅游纠纷。两年多来，三亚旅游警察重典治旅，一共办理涉旅行政案件481起，行政拘留583人。

海南这一创新做法不仅受到中外游客认可，也得到国际同行赞许。2016年8月，三亚旅游警察受邀前往俄罗斯，在莫斯科红场跟岗学习交流合作，开创了中国旅游执法国际交流合作的先河。

目前，已有三亚、海口、儋州、琼海等15个市县成立了旅游警察支（大）队，全省旅游执法工作新格局逐步形成。

海南创新的“1+3”模式大大提升了旅游综合管理和执法能力，开始走向全国。据了解，截至2017年年底，全国已成立旅游警察队伍205支，旅游巡回法庭280家，工商旅游分局132家。

资料来源：《海南日报》

（三）明确目标计划制定实施方案，将责任落实到岗、到人

海南省确立了以“打破制度壁垒，扫清发展障碍，让海南旅游更加开放，让政策更加优惠。”为核心的旅游服务贸易创新发展试点，并针对旅游和文化广电体育厅的工作事项实施方案，将任务落实到处室，落实到人，确保各项工作落到实处（图14－9）。

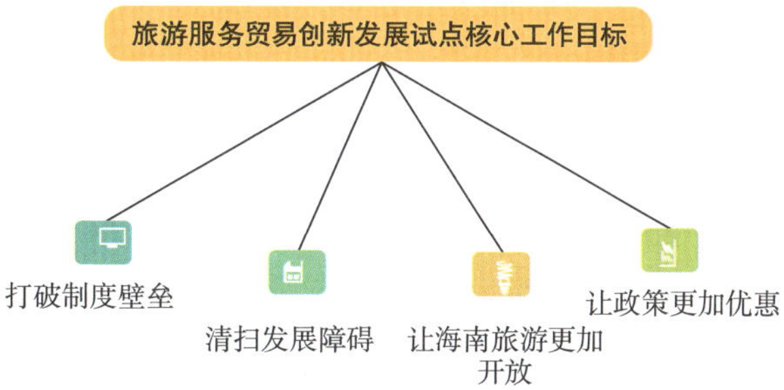

图14－9　服务贸易创新发展试点核心工作目标

小资料

2017 年 11 月 28—30 日，海南省旅游发展委员会组织了旅游标准化媒体考察体验活动——来自北京、广州、海南等全国的媒体组成体验团，对海南省旅游标准化示范点（单位）进行了为期三天的深度体验。

在呀诺达雨林文化旅游区，旅游标准化不仅体现在面对高峰客流时候微笑服务的工作人员脸上、在清洁整齐的景区角落里，更体现在干净卫生的旅游厕所。据了解，旅游厕所革命，作为旅游标准化的重要一环，随着全省旅游标准化的深入推进，很多景区的旅游厕所不仅越来越与景区风景融为一体，而且不少景区卫生间还设置了残疾人专用位和第三卫生间，人性化服务也得到了游客的点赞。

在蜈支洲岛景区，一上岛就能享受到的免费 Wi－Fi 服务，让来自岛外的媒体记者们颇为欢喜。随着旅游旺季的到来，登岛的游客数量也在不断攀升，岛上丰富多彩的游艇、浮潜、冲浪、摩托艇等玩水项目是景区最大的吸引力，安全保障也是景区着力重抓的工作之一。景区的安全总监吴文博向记者介绍，蜈支洲岛景区 2016 年升级为 5A 级景区，A 级评定的过程也是不断完善旅游标准化的一个过程，通过开展标准化工作，景区在规范管理、提升服务品质的同时也获得了很好的经济效益和社会效益。吴文博还向记者介绍，作为旅游标准化最具特色的一点，蜈支洲岛要求员工以“五员”标准要求自己——每位员工既是服务员、安全员、卫生员、演员和推销员！

资料来源：海南旅游官方微博

四、案例启示

海南在旅游管理体制上的改革不断深入推进，取得了良好的成效，具有一定的启示意义。

（一）顺应市场需求和政府职能转变需要，构建与全域旅游发展相适应的管理体制

旅游业是现代服务业的重要组成部分。旅游管理的根本目的就是为了更好地协调旅游部门和国内、国外旅游市场主体及消费者之间的关系。中央赋予海南建设自由贸易试验区和中国特色自由港的历史使命，明确了“三区一中心”战略定位。在经济发展新阶段，海南省推动“1+3+N”的旅游管理体制创新，改革创新全域综合统筹发展的领导体制、旅游管理的综合协调机制和旅游综合执法机制，发挥体制改革、机制创新的保障作用，为全域旅游纵深发展保驾护航。“1+3+N”的旅游管理体制改革是适应建设国际旅游消费中心新要求的变革，顺应市场需求和政府职能转变需要，符合社会经济发展趋势和规律，因而取得了较好的成效。

（二）积极回应现实需求，实现由静态治理向动态治理的转变

随着旅游业态的不断丰富，旅游产品和服务的多样化及游客需求的多变性倒逼政府部门根据市场需求创新监管模式。旅游市场缺乏管理规范性的问题往往涉及多个职能部门，这就需要政府改变原有的治理模式和治理结构，打破单个部门“省—市—县”纵向的静态管理模式，开展由省旅游市场综合整治工作领导小组办公室牵头的旅游市场综合治理行动，省旅游和文化广电体育厅、省工商局、省公安厅分别开展旅游市场专项治理，通过建立跨部门的动态合作机制，即时发现并化解问题，提升监管效能。通过建立长效监管机制、综合监管机制、开展专项整治行动方案等方式进行旅游管理体制改革，有效保障游客权益，促进了海南旅游市场稳定、有序

运转，全省旅游执法工作新格局逐步形成。

海南创新旅游综合管理和综合执法的“1+3”模式受到国家有关部委表扬、全国点赞学习，“海南经验”走向全国。

五、专家点评

现代化治理体系和治理能力建设是习近平新时代中国特色社会主义思想的重要内容，是新时代改革发展的重要目标。旅游管理体制改革是现代化治理体系的一部分，旅游管理治理能力是现代治理能力建设的重要内容。自2010年以来，海南以旅游综合改革试点为目标，以旅游管理体制改革为抓手，在国际旅游岛建设中，分别在旅游市场监管、服务标准化建设、国际化规则对标等方面做了一系列行之有效的探索，得到中央和社会各界的认可。海南旅游管理体制改革的深入推进，一方面净化了旅游市场环境，促进了旅游产业快速发展，另一方面为全国旅游市场规范化管理探索了经验。新时代作为全国唯一的中国特色自由贸易港，海南有责任有义务在旅游管理体制改革方面有更大作为，以管理促发展，以管理促贸易，成为旅游服务贸易创新发展的高地，进而面向全球打造“中国旅游”国家品牌，提升旅游服务贸易水平。具体来说，要发挥市场在资源配置中的决定性作用，更好发挥政府作用为指导，一是在更大程度上完善旅游市场自治功能，充分利用好行业协会，逐步形成市场自治为主、行政力量为辅的管理格局；二是构建跨区域旅游市场监管协作机制，加强省级统筹力度，打破市县各自为政，形成全省旅游市场监管“一张网”；三是更大力度推进“双随机一公开”，最大限度整合信息资源，积极公开执法人员信息，公开市场主体信息，行业部门监管信息，为旅游市场监管营造良好的舆论氛围；四是在旅游市场管理规则方面要对接国际惯例，更好地抓住全国“痛点”突出海南特色。

点评专家：中共海南省委党校教授　毕普云

创新案例十五

改革创新旅游统计

图片来源：摄图网

一、案例背景

统计数据是政府制定决策的主要依据和政策调整的重要支撑，也是政府评判决策成效的重要参考。产业地位越高，对统计工作的要求也就越高。传统的旅游统计方法存在“只统计淡季不统计旺季”“只统计低端不统计高端”的问题，而旅游业是海南的重点支柱产业，传统的统计方法不仅造成漏统，更容易影响科学决策和行业趋势研判。如何适应打造国际旅游消费中心的需要，创新统计体系和统计方法为政府决策提供科学依据显得尤为重要，改革创新旅游统计势在必行。

小资料

2018年3月23日至24日，国家发改委副主任兼国家统计局局长、党组书记宁吉喆在海南参加博鳌亚洲论坛期间，利用会议间隙和晚间时间，就一季度经济形势及统计调查系统党建工作进行了调研。宁吉喆强调，统计工作要积极适应、把握引领经济发展新常态，更加有力地推进统计改革创新，不断强化综合分析研判，积极服务党中央、国务院宏观管理和科学决策，为“五位一体”总体布局和“四个全面”战略布局以及“十三五”规划的实施提供更加扎实的统计保障和信息服务。调研中，宁吉喆十分关心当地旅游业发展，强调统计部门要根据旅游业发展特点，不断完善旅游统计方法制度，加强与相关部门合作，充分利用大数据、“互联网+”等新技术手段，扎实推进旅游统计工作。

宁吉喆强调，统计部门一要发扬锐意进取的改革创新精神，加快推进统计方法制度改革。二要加强统计分析研究，不断提高统计服务水平。三要进一步完善统计法律法规，恪守依法治统。四要坚决贯彻落实全面从严治党要求，切实履行“两个责任”，不断强化统计系统党的建设。

资料来源：国家统计局官网

二、主要做法

改革创新旅游统计作为创建全域旅游示范区和建设国际旅游消费中心的重要工作之一，旨在建立适应全域旅游的统计体系，科学评价旅游业发展成效，全面考察旅游产业对经济发展的贡献（图 15 –1）。

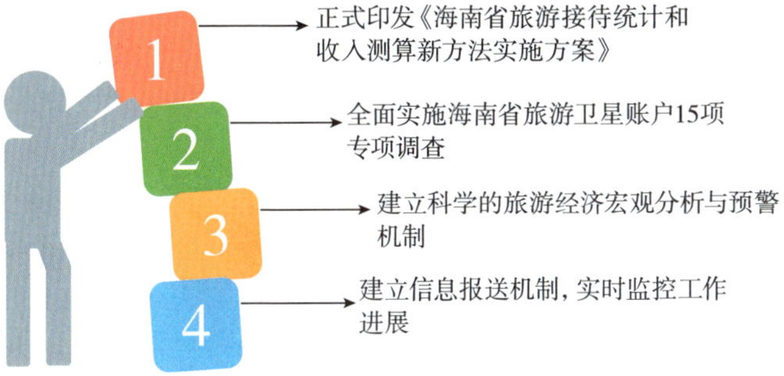

图 15 –1 主要做法

（一）印发《海南省旅游接待统计和收入测算新方法实施方案》

为积极适应全域旅游发展的新形势，应从全局和战略的高度，深刻认识全域旅游统计能力建设的重要性和紧迫性；改革旅游产业统计制度和体系，增强旅游统计的全面性、准确性和科学性，全面提升海南省旅游统计工作能力；综合运用相关统计指标，客观评价全省旅游发展现状，全面反映旅游业在全省的战略性支柱产业地位，推动旅游业又好又快发展。在海南省委省政府的统一指导和部署下，制定并执行新的旅游统计方法，推动完善一日游统计体系，建立过夜游全覆盖统计体系和“纵向能加、横向可比”的旅游花费调查方法。根据试行的情况，进一步修改完善并正式印发《海南省旅游接待统计和收入测算新方法实施方案》，同时结合旅游卫星账户常态化编制和旅游统计改革创新需要，各市县制定本市县的细化实施方案。

（二）全面实施海南省旅游卫星账户15项专项调查

充分吸取2016年首次编制旅游卫星账户的经验，继续推动2017年海南旅游卫星账户编制（图15－2）。

图15－2　工作开展流程

旅游卫星账户以服务发展为目的，以常态化、信息化、标准化、系统化为导向，以平台建设为支撑开展工作，带动了旅游产业统计工作全面进步，为全域旅游示范省建设和国际旅游岛建设做出了积极的贡献。

经过近4个月的努力工作，海南省旅游卫星账户建设取得了初步成果，形成了《海南省旅游卫星账户（HNTSA－2015）编制方案》。并召开专家评审会，由文化和旅游部、海南省统计局、海南省发展和改革委员会、海南省工业和信息化厅相关负责人及文化和旅游部数据中心、北京联合大学、北京第二外国语学院、西北大学、海南省社会科学界联合会等专家组成的专家评审组对编制方案进行了评审。专家评审组一致认为，《海南省旅游卫星账户（HNTSA－2015）编制方案》准确地把握了海南省旅游业发展的现状、特点与趋势。

（三）建立科学的旅游经济宏观分析与预警机制

定期上报和发布旅游基础数据，实现旅游与其他部门信息数据共享，完善科学的旅游数据统计、分析、决策、交流平台。推进设立海南省旅游数据中心建设和市县旅游数据中心建设。

（四）建立信息报送机制

实时监控工作进展，加大对各市县旅游经济发展、全域旅游创建工作的考核力度，推动建立旅游产业发展考核体系。

三、主要创新

（一）逐步完善旅游卫星账户，带动旅游产业统计工作进步

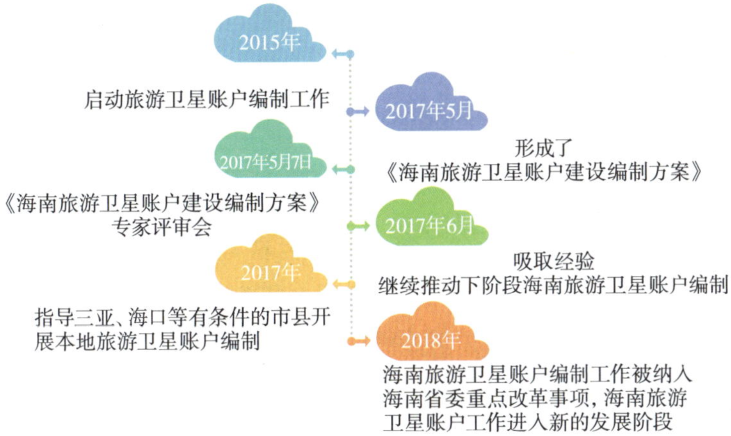

图 15－3　卫星账户编制时间线

旅游卫星账户是唯一被联合国和世界旅游组织等国际机构向全世界推荐采用的旅游业宏观统计计量方法，其能从根本上解决“小口径旅游统计体系只能满足基本指标测算，不能全面核算旅游业的发展规模、产出水平和质量效益”的弊端，为政府宏观决策、政策规划、区域和产业规划提供了重要的依据（图 15－3）。

《海南省旅游卫星账户（HNTSA－2015）编制方案》准确地把握了海南省旅游业发展的现状、特点与趋势，呈现四大亮点（图 15－4）。

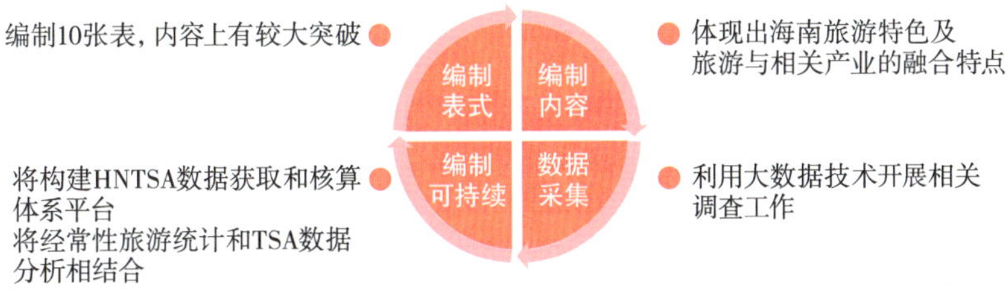

图 15－4　四大亮点

1. 立足国际标准，勇于突破，建设一个创新性的旅游卫星账户

《海南旅游卫星账户编制方案》严格遵循和执行世界旅游组织、经合组织、欧盟统计委员会等推荐的旅游卫星账户规范性文本——《方法框架》，编制成果符合国际标准，具有地区间可比性。同时，项目实施过程中，项目组不做减法做加法，不仅按国际标准高质量编制完成通行的境外及省外国内游客的旅游支出、居民在省内的旅游支出、旅游总供给和区域旅游消费、旅游就业、旅游业非货币指标等 8 张账户表，还特别编制完成旅游业公共消费、旅游固定资产投资与固定资本形成总额等两张账户表，其中旅游公共消费账户表是国内首次编制。基于以上 10 张表，海南旅游卫星账户建立了一套完整的海南省旅游统计核算体系。

2. 立足现实需要，坚持长远，建设一个常态化的旅游卫星账户

海南省委、省政府充分认识到编制旅游卫星账户对全域旅游示范省建设、国际旅游岛建设的重要现实意义，立足长远发展，把旅游卫星账户作为一项长期任务来抓。在经费方面，每年安排适当经费用于卫星账户编制工作，并将其纳入年度财政预算，保证了工作的资金来源。在编制手段方面，采取了信息化、标准化、系统化平台建设的方法，进一步降低成本，提升效益。在体系设计方面，兼顾长短期，将经常性的旅游统计和 TSA 数据分析结合起来，构建了 HNTSA 数据获取和核算平台体系，既满足了旅游数据日常统计需求，又有利于旅游卫星账户可持续编制。

3. 立足海南省情，突出特色，建设一个服务大局的旅游卫星账户

海南是一个岛屿，本地消费少，当地人口少，经济发展需要外需来拉动和支撑，而旅游业作为能够有效引入需求的特殊产业，对海南发展具有重要意义。省委省政府立足海南省情，围绕建设国际旅游岛大局，有针对

性地开展旅游卫星账户编制工作。一方面从需求角度，特别新增了对旅居游客和婚庆游客的调查，基于产业发展需要开展滨海旅游、医疗康养旅游、高尔夫休闲旅游、乡村旅游、婚庆旅游的需求调查。另一方面从供给角度，结合海南“十三五”旅游产业发展规划和“百镇千村”工程，特别开展了游艇码头及邮轮母港、会展、风情小镇等颇具海南特色的产业调查，并进行了产业经济核算，助力经济社会发展科学决策和引导产业健康发展。

4. 立足新技术，与时俱进，建设一个信息化的旅游卫星账户

在“大众创新、万众创业”政策的驱动下，游客消费需求越来越个性化，互联网、大数据应用平台越来越普及，这对旅游统计核算的数据来源和采集手段提出新的要求。为此，从数据来源和采集手段上进行了创新和应用：一是采用 OTA、手机位置等网络数据作为日短租游客、旅居游客数量的样本框和样本比例。二是利用乡村旅游营销服务云平台来采集分析统计乡村旅游的收入、就业、游客数量等指标。三是采用手机 App、网上填报、平台处理等信息化手段实行抽样调查和核算的实时化。四是对企业编码和数据标准进行定义，建立数据字典，为下一步数据的共享互通打好基础。

2018 年，海南旅游卫星账户编制工作被纳入海南省委重点改革事项，海南旅游卫星账户工作进入新的发展阶段。

（二）巩固数据渠道，多措并举确保数据采集工作顺利进行

真实稳定的数据来源是编制工作的基础，关系到编制工作的成败，为此，海南省着重抓好数据采集工作（图 15－5）。

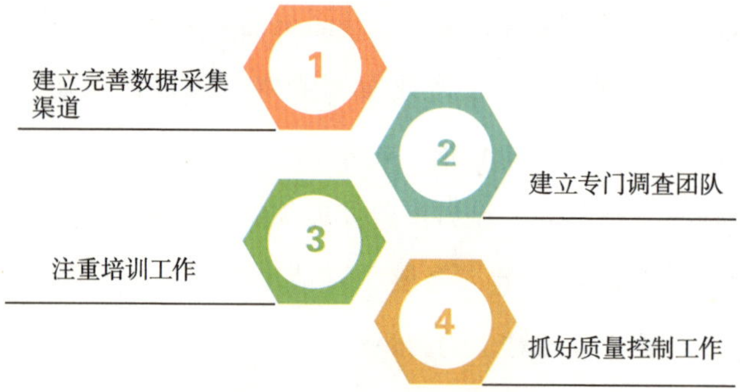

图 15－5　巩固数据渠道措施

1. 建立完善数据采集渠道

旅游卫星账户数据涵盖了各种形态的数据，如游客类数据、企业经营类数据、政府公共消费类数据等。针对不同的数据，建立了相应的数据采集渠道，通过随机抽样调查、企业专项填报、官方统计信息查询、大数据挖掘等方式进行数据采集，确保了数据的丰富性与完整性。

2. 建立专门调查团队

海南北斗天绘科技有限公司建立了一支稳定的调查统计团队，核心人员都是具有十几年数据调查采集经验的相关人员；同时建立了一支以大学生调查员为主、社会调查员为辅的调查员队伍，并建立了完善的调查员招聘、培训、管理与考核体系；针对每个市县还配备一名专职旅游卫星账户统计调查员开展工作。调查团队的稳定确保了数据采集工作的顺利与及时。

3. 注重培训工作

海南省利用每月初召开的委务会、全省旅游工作会议和座谈会，开展集体学习，目的是使全省旅游系统了解和熟悉服务贸易内涵、作用等理论知识，掌握全省旅游服务贸易创新发展试点的主要工作和政策措施。同时，在导游、统计和入境市场开拓等全省旅游系统专项培训班上，结合旅游服务贸易创新发展试点工作，进行了有针对性的培训和指导。各市县针对涉旅行业企业召开培训动员会，动员各涉旅企业参与到旅游卫星账户的填报工作中。

4. 抓好质量控制工作

所有项目人员在开展数据采集工作前统一接受培训，考核合格后才能开展工作。在数据采集过程中，安排监督人员进行现场监督；采集完成后通过电话核实、现场回访等手段进行质量监督；同时采取多级审核的方式进行数据审核，只有终审通过的数据才能进入旅游卫星账户平台进行核算。

（三）建立信息报送机制，实时监控工作进展

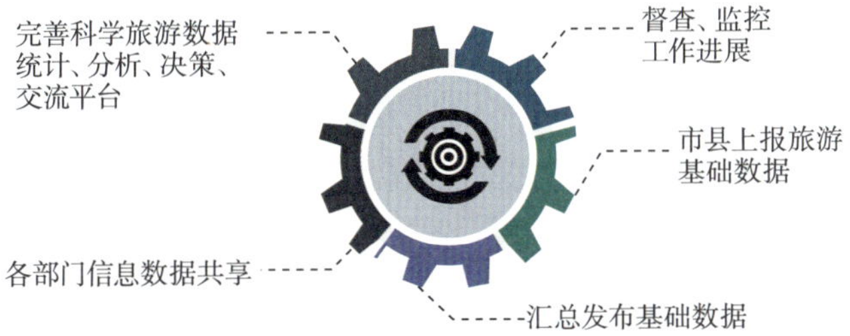

图 15－6　信息报送机制

旅游服务贸易创新发展试点工作涉及海南省多个部门，为了能及时发现试点工作中存在的问题和障碍，并采取有力措施予以管控，确保试点工作的顺利进行，海南省严格按照省服务贸易创新发展联席会议办公室的要求，建立试点工作信息周报制度，加强督查，监控工作进展（图 15－6）。

（四）稳步推进“小口径”向“大口径”转变，更全面更客观反映旅游产业情况（图 15 –7）

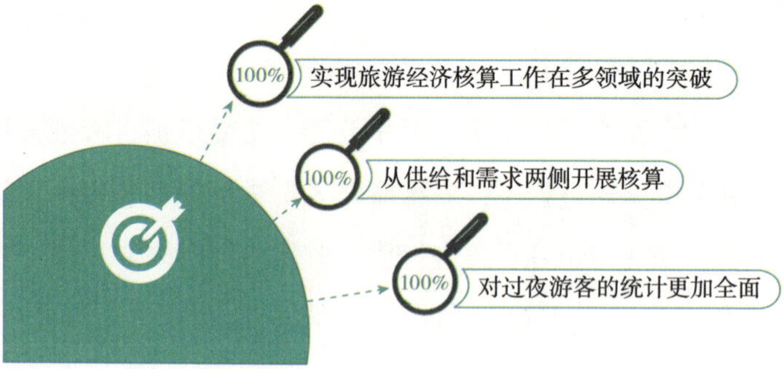

图 15 –7　“小口径”向“大口径”转变

1. 实现旅游经济核算工作在多领域的突破

对于旅游经济的核算，一直以来海南只有按小口径计算的“旅游业增加值占 GDP 比重”指标。通过开展旅游卫星账户，不仅核算出了海南省旅游业对 GDP、就业、投资、税收的直接贡献率，更是按国际通行做法，核算出旅游业对 GDP、就业、投资、税收的综合贡献率。

2. 从供给和需求两侧开展核算

对于旅游产业增加值的核算，由于统计条件不足，一般从需求侧进行简单测算，供给侧一直是统计的薄弱环节。开展旅游卫星账户后，不仅能核算旅游产品的消费，还能核算旅游产品的供给，有助于指导旅游供给侧结构性改革。

3. 对过夜游客的统计更加全面

对于过夜游客，以往只统计在旅游饭店和社会旅馆住宿的常规过夜游客。开展旅游卫星账户后，不仅按旅游卫星账户标准将居民游前游后花费、虚拟花费等纳入统计，也将最具海南特色的大量的旅居游客（候鸟）从过夜游客中单独细分出来进行相对精准统计；同时还将快速发展的在旅租房、小区日短租房等非标准住宿单位过夜的游客纳入统计，使得统计口径更加完整，统计结果更能全面反映海南旅游的全貌（图 15－8）。

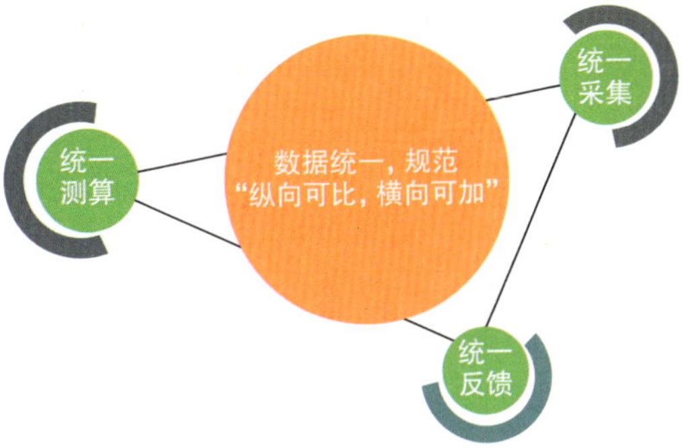

图 15－8 过夜游客花费调查机制

四、案例启示

海南旅游统计部门通过创新统计体系和统计方法，全面细化统计各项旅游指标，在全省各市县得到了广泛认可和好评，这给重点产业开展专项统计带来了一定的启示和借鉴意义。

（一）对标行业最高标准，构建适应建设国际旅游消费中心需求的旅游统计体系

为扭转当前旅游统计方式不能满足科学、全面反映旅游业发展趋势的局面，海南省对接国际标准，采用联合国和世界旅游组织等国际机构推荐的旅游业宏观统计计量方法，在完善旅游统计调查制度和借鉴旅游卫星账户编制经验的基础上，结合现代信息技术与旅游大数据的调查方法，设计了一套较为完整的编制方案。海南省在编制省级旅游卫星账户的同时，也指导有条件的市县开展本地旅游卫星账户编制，较好地弥补了小口径旅游统计体系的缺陷。通过旅游卫星账户可以获取到旅游产业增加值数据、旅游贡献率数据、旅游就业数据、旅游消费数据、居民出游数据等以往不易获得的数据。此外，海南省构建了适应国际旅游消费中心发展需要的旅游

统计体系，通过自上而下制定、规范、推行统一的旅游统计指标体系，提高地区旅游统计数据的统一性及全面可比性，真正实现全省“统一口径、统一标准、统一核算”。

（二）结合先进信息技术，创新旅游统计方法

一是依托旅游卫星账户和大数据技术，实施多项专项调查。为解决“只统计淡季不统计旺季”问题，适时调整统计频次；为解决“只统计低端不统计高端”问题，进一步优化样本结构，提高样本数量，扩充典型样本范围；为适应候鸟游客和非标准住宿业快速发展的趋势，在全省实施日短租抽样调查。二是基于旅游卫星账户和投入产出表建立新的测算方法，解决旅游税收贡献的测算问题，形成了《旅游业税收贡献测算方法和实证分析报告》。利用大数据技术不断扩充旅游卫星账户成果应用范围和成效，为其他重点行业开展统计提供了参考和借鉴意义。

五、专家点评

旅游业在海南自由贸易试验区和中国特色自由贸易港建设主导产业中位列首位，如何更加精准、客观、科学地把脉海南旅游业发展状况，事关国际旅游岛甚至国际旅游消费建设战略的顺利推进实施，更关乎海南经济社会事业发展全局。

海南旅游部门以服务贸易创新发展试点为契机，积极推动行业统计向产业统计转变，探索改革旅游统计新制度，成立省市县旅游数据中心，建立覆盖政、产、学、研、用的“旅游卫星联盟”，编制海南旅游卫星账户（HN－TSA）等。在国际旅游岛建设步入重点发展旅游服务贸易新阶段，精准把握包括旅游统计在内的海南旅游业国际化水平低、市场化不充分、信息化程度差等突出问题，通过创新推动海南旅游统计全域化、系统化和常态化，不仅为促进全域旅游示范省创建提供了有力抓手和基础保障，更为打造国际旅游消费中心、实现海南旅游业提质增效提供了重要参考和关

键支撑。

但在改革创新旅游统计过程中，也面临诸多新挑战和新风险，需要高度关注并有效破解。一是海南旅游统计工作亟须提高专业化水平，建议以本轮海南党政机构改革为契机，设立旅游统计专门机构并建立专业队伍；二是海南旅游统计数据质量及其开发利用价值亟待提高，建议尽快启动并建立一定周期的海南旅游普查工作制度，同时完善海南旅游统计地方法规和部门规章等制度体系建设，加快海南旅游数据开放系统平台建设；三是海南旅游统计与产业发展间的关系不够紧密，建议对标国际通行规则和典型经验做法，切实加快推动建设省域旅游产业信息平台，打通部门、行业间的信息壁垒和障碍，优化旅游产业再分配补偿机制，提高海南旅游产业的综合效益。

点评专家：海南大学旅游学院副教授　刘刚

中国（海南）自由贸易试验区总体方案

赋予海南经济特区改革开放新的使命，是习近平总书记亲自谋划、亲自部署、亲自推动的重大国家战略。建设中国（海南）自由贸易试验区（以下简称自贸试验区）是党中央、国务院着眼于国际国内发展大局，深入研究、统筹考虑、科学谋划作出的重大决策，是彰显我国扩大对外开放、积极推动经济全球化决心的重大举措。为深入贯彻习近平总书记在庆祝海南建省办经济特区 30 周年大会上的重要讲话精神，落实《中共中央 国务院关于支持海南全面深化改革开放的指导意见》要求，高标准高质量建设自贸试验区，制定本方案。

一、总体要求

（一）指导思想

高举中国特色社会主义伟大旗帜，全面贯彻党的十九大和十九届二中、三中全会精神，以习近平新时代中国特色社会主义思想为指导，坚持和加强党的全面领导，坚持以人民为中心的发展思想，坚持稳中求进工作总基调，坚持新发展理念，坚持高质量发展，统筹推进“五位一体”总体布局和协调推进“四个全面”战略布局，以供给侧结构性改革为主线，解放思想、大胆创新，坚持开放为先，以制度创新为核心，赋予更大改革自主权，大胆试、大胆闯、自主改，深化简政放权、放管结合、优化服务改革，加快形成法治化、国际化、便利化的营商环境和公平开放统一高效的市场环境，将生态文明理念贯穿自贸试验区建设全过程，积极探索自贸试验区生态绿色发展新模式，加强改革系统集成，力争取得更多制度创新成果，彰显全面深化改革和扩大开放试验田作用。

（二）战略定位

发挥海南岛全岛试点的整体优势，紧紧围绕建设全面深化改革开放试验区、国家生态文明试验区、国际旅游消费中心和国家重大战略服务保障区，实行更加积极主动的开放战略，加快构建开放型经济新体制，推动形成全面开放新格局，把海南打造成为我国面向太平洋和印度洋的重要对外开放门户。

（三）发展目标

对标国际先进规则，持续深化改革探索，以高水平开放推动高质量发展，加快建立开放型生态型服务型产业体系。到2020年，自贸试验区建设取得重要进展，国际开放度显著提高，努力建成投资贸易便利、法治环境规范、金融服务完善、监管安全高效、生态环境质量一流、辐射带动作用突出的高标准高质量自贸试验区，为逐步探索、稳步推进海南自由贸易港建设，分步骤、分阶段建立自由贸易港政策体系打好坚实基础。

二、在海南全岛建设自由贸易试验区

（四）实施范围

自贸试验区的实施范围为海南岛全岛。自贸试验区土地、海域开发利用须遵守国家法律法规，贯彻生态文明和绿色发展要求，符合海南省“多规合一”总体规划，并符合节约集约用地用海的有关要求。涉及无居民海岛的，须符合《中华人民共和国海岛保护法》有关规定。

（五）功能划分

按照海南省总体规划的要求，以发展旅游业、现代服务业、高新技术产业为主导，科学安排海南岛产业布局。按发展需要增设海关特殊监管区域，在海关特殊监管区域开展以投资贸易自由化便利化为主要内容的制度创新，主要开展国际投资贸易、保税物流、保税维修等业务。在三亚选址增设海关监管隔离区域，开展全球动植物种质资源引进和中转等业务。

三、加快构建开放型经济新体制

（六）大幅放宽外资市场准入

对外资全面实行准入前国民待遇加负面清单管理制度。深化现代农业、高新技术产业、现代服务业对外开放，在种业、医疗、教育、旅游、电信、互联网、文化、金融、航空、海洋经济、新能源汽车制造等重点领域加大开放力度。取消蔬菜新品种选育和种子生产外资股比限制。将增值电信业务外资准入审批权下放给海南省，取消国内多方通信服务业务、上网用户互联网接入服务业务、存储转发类业务外资股比限制，允许外商投资国内互联网虚拟专用网业务（外资股比不超过 50%）。允许设立外商投资文艺表演团体（中方控股）。放宽人身险公司外资股比限制至 51%。取消船舶（含分段）及干线、支线、通用飞机设计、制造与维修外资股比限制。取消石油天然气勘探开发须通过与中国政府批准的具有对外合作专营权的油气公司签署产品分成合同方式进行的要求。取消国际海上运输公司、国际船舶代理公司外资股比限制。允许在自贸试验区内设立的外商独资建筑业企业承揽区内建筑工程项目，不受项目双方投资比例限制。允许取得我国一级注册建筑师或一级注册结构工程师资格的境外专业人士作为合伙人，按相应资质标准要求设立建筑工程设计事务所。取消新能源汽车制造外资准入限制。

（七）提升贸易便利化水平

对进出海南洋浦保税港区的货物，除禁止进出口和限制出口以及需要检验检疫的货物外，试行“一线放开、二线高效管住”的货物进出境管理制度。加快建设具有国际先进水平的国际贸易“单一窗口”，推动数据协同、简化和标准化，实现物流和监管等信息的全流程采集，实现监管单位的信息互换、监管互认、执法互助。以口岸管理部门的通关物流状态信息为基础，整合作业信息，形成完整的通关物流状态综合信息库，为企业提供全程数据服务。加强口岸管理部门执法合作，推行跨部门一次性联合检查。实施海事、交通、船检三部门船舶证书信息共享。积极推进货物平均放行和结关时间体系化建设，构建规范的测算标准和透明的公布机制。扩大第三方检验结果采信商品和机构范围。依照自由贸易协定安排，推动实施原产地自主声明制度和原产地预裁定制度。拓展暂时进口货物单证制度适用范围，延长单证册的有效期。平行进口汽车企业可以使用价格预裁定、汇总征税等通关便利化措施。创新出口货物专利纠纷担保放行方式。支持开展海关税款保证保险试点。简化野生动植物出口许可程序。

（八）创新贸易综合监管模式

研究赋予海关特殊监管区域内企业增值税一般纳税人资格，在海关特殊监管区域全面实施货物状态分类监管。研究支持对海关特殊监管区域外“两头在外”航空维修业态实行保税监管。在风险可控前提下，创新维修监管模式，开展外籍邮轮船舶维修业务。完善进口商品风险预警快速反应机制，加强安全风险监测，实施安全问题调查制度。建设重要产品进出口安全追溯体系，实现重点敏感产品全过程信息可追溯，与国家重要产品追溯平台对接，实现信息共享。对优质农产品出口免于出具检验检疫证书和备案。优化生物医药全球协同研发的试验用特殊物品的检疫查验流程。完善国际邮件互换局（交换站）布局，加强国际快件监管中心建设，打造重要跨境电商寄递中心。支持在海关特殊监管区域和保税监管场所设立大宗商品期货保税交割库。

（九）推动贸易转型升级

培育贸易新业态新模式，支持发展跨境电商、全球维修等业态。探索建立跨境服务贸易负面清单管理制度。支持海南享受服务外包示范城市政策，建立特色服务出口基地。支持海南设立跨境电子商务综合试验区，完善和提升海关监管、金融、物流等支持体系。支持跨境电商企业建设覆盖重点国别、重点市场的海外仓。支持开展跨境电商零售进口网购保税。支持在海关特殊监管区域设立国际文化艺术品交易场所，依法合规开展面向全球的保税文化艺术品展示、拍卖、交易业务。试点实施进口非特殊用途化妆品备案管理。支持开展橡胶等大宗商品现货离岸交易和保税交割业务。支持跨国公司、贸易公司建立和发展全球或区域贸易网络，打造区域性离岸贸易中心。支持具备资质的供油企业开展国际航行船舶保税油供应业务，建设保税油供应基地。将国际快递业务经营许可审批权下放到海南省邮政管理局。

（十）加快金融开放创新

充分发挥金融支持自贸试验区建设的重要作用，出台金融领域的一揽子政策措施，以服务实体经济、促进贸易投融资便利化为出发点和落脚点，以制度创新为核心，大力推动自贸试验区金融开放创新。进一步扩大人民币跨境使用、探索资本项目可兑换、深化外汇管理改革、探索投融资汇兑便利化，扩大金融业开放，为贸易投资便利化提供优质金融服务。

（十一）加强“一带一路”国际合作

按照“共商、共建、共享”的原则，构筑全方位立体化开放通道。鼓励“一带一路”国家和地区参与自贸试验区建设。支持“一带一路”国家在海南设立领事机构。支持与“一带一路”国家开展科技人文交流、共建联合实验室、科技园区合作、技术转移等科技创新合作。推动海口、三亚与“一带一路”国家和地区扩大包括第五航权在内的航权安排，提高机场航班保障能力，吸引相关国家和地区航空公司开辟经停海南的航线。与“一带一路”国家和地区自由贸易园区在投资、贸易、金融、教育等方面开展交流合作与功能对接。

四、加快服务业创新发展

（十二）推动现代服务业集聚发展

依托博鳌乐城国际医疗旅游先行区，大力发展国际医疗旅游和高端医疗服务，对先行区范围内确需进口的、关税税率较高的部分医疗器械研究适当降低关税。支持开展干细胞临床前沿医疗技术研究项目。依托现有医药产业基础，探索开展重大新药创制国家科技重大专项成果转移转化试点。鼓励中外航空公司新开或加密海南直达全球主要客源地的国际航线。支持举办国际商品博览会、国际电影节、中国（海南）国际海洋产业博览会等大型国际展览会、节庆活动，以及文化旅游、国际品牌等适合海南产业特点的展会。优化国际会议、赛事、展览监管，进一步简化展品检疫审批管理。支持引进国际化的规划、建筑工程、建筑设计、仲裁、会计、知识产权、医疗健康、影视、会展等专业服务机构，推进服务要素集聚。授权自贸试验区制定港澳专业人才执业管理办法，允许具有港澳执业资格的金融、建筑、规划、专利代理等服务领域专业人才经备案后为自贸试验区内企业提供专业服务。支持海南开展供应链创新与应用试点。打造联通国际国内的全球性商贸物流节点，促进港口、机场、铁路车站、物流园区等物流信息互通。加强冷链基础设施网络建设，打造出岛快速冷链通道，提供高质量的冷链快递物流服务。在交通运输领域完善快件处理设施和绿色通道，提高国际快递处理能力，服务带动跨境电商等相关产业集聚。建设以天然橡胶为主的国际热带农产品交易中心、定价中心、价格指数发布中心。设立热带农产品拍卖中心。支持完善跨境消费服务功能。高标准建设商务诚信示范省。

（十三）提升国际航运能力

依托自贸试验区，科学有序开发利用海洋资源，培育壮大特色海洋经济，建设南海服务保障基地。建设具有较强服务功能和辐射能力的国际航运枢纽，不断提高全球航运资源配置能力。大力引进国内外航运企业在自贸试验区设立区域总部或营运中心，促进航运要素集聚。积极培育壮大外轮供应企业，丰富外轮供应品种，为进入自贸试验区的船舶提供生活用品、备品备件、物料、工程服务和代理服务等。利用现有方便旗船税收政策，促进符合条件的船舶在自贸试验区落户登记。扩大内外贸同船运输、国轮捎带运输适用范围，提升运力资源综合效能。支持境内外企业和机构开展航运保险、航运仲裁、海损理算、航运交易、船舶融资租赁等高端航运服务，打造现代国际航运服务平台。支持设立专业化地方法人航运保险机构。培育发展专业化第三方船舶管理公司。逐步开放中国籍国际航行船舶入级检验。将无船承运、外资经营国际船舶管理业务行政许可权下放给海南省。

（十四）提升高端旅游服务能力

发展环海南岛邮轮航线，支持邮轮企业根据市场需求依法拓展东南亚等地区邮轮航线，不断丰富由海南邮轮港口始发的邮轮航线产品。研究支持三亚等邮轮港口参与中资方便旗邮轮公海游试点，将海南纳入国际旅游“一程多站”航线。积极支持实施外国旅游团乘坐邮轮 15 天入境免签政策。优化对邮轮和邮轮旅客的检疫监管模式。建设邮轮旅游岸上国际配送中心，创建与国际配送业务相适应的检验、检疫、验放等海关监管制度。简化游艇入境手续。允许海南对境外游艇开展临时开放水域审批试点。实施琼港澳游艇自由行。建设一流的国际旅行卫生保健中心，为出入境人员提供高质量的国际旅行医疗服务。加强旅游行业信用体系建设。

（十五）加大科技国际合作力度

创建南繁育种科技开放发展平台。划定特定区域，通过指定口岸管辖和加强生物安全管理，建设全球动植物种质资源引进中转基地，探索建立中转隔离基地（保护区）、检疫中心、种质保存中心、种源交易中心。推进农业对外合作科技支撑与人才培训基地建设。引进国际深远海领域科研机构、高校等前沿科技资源，打造国际一流的深海科技创新平台。搭建航天科技开发开放平台，推动商用航天发展和航天国际合作。

五、加快政府职能转变

（十六）深化机构和行政体制改革

赋予海南省人民政府更多自主权，科学配置行政资源，大力转变政府职能，深化“放管服”改革。探索建立与自贸试验区建设相适应的行政管理体制。支持自贸试验区探索按照实际需要加大同类编制资源的统筹使用。深化完善综合行政执法体制改革。实行包容审慎监管，提高执法效能。

（十七）打造国际一流营商环境

借鉴国际经验，开展营商环境评价，在开办企业、办理施工许可证、获得电力、登记财产、获得信贷、保护少数投资者、纳税、跨境贸易、执行合同和办理破产等方面加大改革力度。推动准入前和准入后管理措施的有效衔接，实施公平竞争审查制度，实现各类市场主体依法平等准入相关行业、领域和业务。加快推行“证照分离”改革，全面推进“多证合一”改革。简化外商投资企业设立程序，全面实行外商投资企业商务备案与工商登记“一口办理”。探索建立普通注销登记制度和简易注销登记制度相互配套的市场主体退出制度。

（十八）深入推进行政管理职能与流程优化

全面推进行政审批和行政服务标准化。调整完善省级管理权限下放，推动关联、相近类别审批事项全链条取消、下放或委托。海南省人民政府报国务院批准土地征收事项由国务院授权海南省人民政府批准。推行“极简审批”改革。精简投资项目准入手续，探索实施先建后验管理新模式。实行建设项目联合验收，实现“一口受理”“两验终验”，推行“函证结合”“容缺后补”等改革。清理规范基层证明，对暂不宜取消的实行清单管理。

（十九）全面推行“互联网+政务服务”模式

整合资源与数据，加快构建一体化互联网政务服务平台。涉及企业注册登记、年度报告、项目投资、生产经营、商标专利、资质认定、税费办理、安全生产等方面的政务服务事项，最大限度实行网上受理、网上办理、网上反馈。实施全程电子化登记和电子营业执照管理。围绕行政管理、司法管理、城市管理、环境保护等社会治理的热点难点问题，促进人工智能技术应用，提高社会治理智能化水平。

（二十）完善知识产权保护和运用体系

推进知识产权综合执法，建立跨部门、跨区域的知识产权案件移送、信息通报、配合调查等机制。支持建立知识产权交易中心，推动知识产权运营服务体系建设。建立包含行政执法、仲裁、调解在内的多元化知识产权争端解决与维权援助机制，探索建立重点产业、重点领域知识产权快速维权机制。探索建立自贸试验区专业市场知识产权保护工作机制，完善流通领域知识产权保护体系。探索建立公允的知识产权评估机制，完善知识产权质押登记制度、知识产权质押融资风险分担机制以及方便快捷的质物处置机制，为扩大以知识产权质押为基础的融资提供支持。鼓励探索知识产权证券化，完善知识产权交易体系与交易机制。深化完善有利于激励创新的知识产权归属制度。搭建便利化的知识产权公共服务平台，设立知识产权服务工作站，大力发展知识产权专业服务业。

（二十一）提高外国人才工作便利度

为在自贸试验区工作和创业的外国人才提供出入境、居留和永久居留便利。支持开展国际人才管理改革试点，允许外籍技术技能人员按规定在自贸试验区工作。探索建立与国际接轨的全球人才招聘制度和吸引外国高技术人才的管理制度。开辟外国人才绿色通道，深入实施外国人来华工作许可制度。开展外国高端人才服务“一卡通”试点，建立住房、子女入学、就医社保服务通道。

六、加强重大风险防控体系和机制建设

（二十二）建立健全事中事后监管制度

以风险防控为底线，维护国家安全和社会安全。外商在自贸试验区内投资适用《自由贸易试验区外商投资国家安全审查试行办法》。自贸试验区要建立健全以信用监管为核心、与负面清单管理方式相适应的事中事后监管体系。配合做好国家安全审查、反垄断审查等相关工作。制定重大风险防控规划和制度，建立应急响应机制，协调解决风险防控中的重大问题。完善社会信用体系，加强信用信息归集共享，推行企业信息公示，健全守信激励和失信惩戒机制。推动各部门间依法履职信息联通共享。建立大数据高效监管模式，加强风险监测分析，建立完善信用风险分类监管。

（二十三）建立健全贸易风险防控体系

优化海关监管方式，强化进出境安全准入管理，完善对国家禁止和限制入境货物、物品的监管，精准高效打击走私活动。全面落实联合缉私和统一处理、综合治理的缉私体制。构建自贸试验区进出境安全风险信息平台。确保进出口货物的交易真实、合法，防范不法企业借助货物进出口的便利化措施从事非法融资、非法跨境资金转移等违法活动。

（二十四）建立健全金融风险防控体系

打好防范化解重大风险攻坚战，有效履行属地金融监管职责，建立区域金融监管协调机制，加强对重大风险的识别和对系统性金融风险的防

范，严厉打击洗钱、恐怖融资、逃税等金融违法犯罪活动，有效防范金融风险。

（二十五）加强口岸风险防控

进一步提升口岸核心能力建设，提高口岸传染病防控水平。坚决防范对外经贸往来中的生态环境风险，严格引进种质资源的隔离与监管，严格野生动植物进口管理，防止生物入侵对海岛生态环境的破坏。加强口岸动植物疫病疫情监测，形成多部门协作的疫病疫情和有害生物联防联控局面。完善人员信息采集管控体系，加强对出入境核生化等涉恐材料检查力度。

七、坚持和加强党对自贸试验区建设的全面领导

（二十六）加强党的领导

坚持和加强党对改革开放的领导。把党的领导贯穿于自贸试验区建设的全过程，增强“四个意识”，坚定“四个自信”，自觉维护以习近平同志为核心的党中央权威和集中统一领导，培育践行社会主义核心价值观，确保改革开放的社会主义方向，营造风清气正的良好政治生态。海南省要用习近平新时代中国特色社会主义思想指导改革开放，坚持全面从严治党，把党的政治建设摆在首位，坚决反对腐败、反对“四风”。

（二十七）强化法制保障

本方案提出的各项改革政策措施，凡涉及调整现行法律或行政法规的，经全国人大及其常委会或国务院统一授权后实施。各有关部门要支持自贸试验区在各领域深化改革开放试点、加大压力测试、加强监管、防控风险，做好与相关法律法规立改废释的衔接，及时解决试点过程中的制度保障问题。海南省要加强经济特区立法，建立与试点要求相适应的管理制度，建立公正透明、体系完备的法制环境。

（二十八）完善配套政策

完善人才发展制度，建设高素质专业化干部队伍，全面提升人才服务水平。加大对水利、港口、机场、公路、铁路、综合枢纽等重大基础设施建设的支持力度。落实现有相关税收政策，充分发挥现有政策的支持促进作用。在其他自由贸易试验区已经试点可复制的税收政策均可在海南自贸试验区进行试点，其中促进贸易的选择性征收关税、其他相关进出口税收等政策在自贸试验区内的海关特殊监管区域进行试点。自贸试验区内的海关特殊监管区域的实施范围和税收政策适用范围维持不变。加快完善军地土地置换政策。

（二十九）加强组织实施

按照党中央、国务院统一部署，在国务院自由贸易试验区工作部际联席会议统筹协调下，由海南省完善试点任务组织实施保障机制，按照总体筹划、分步实施、率先突破、逐步完善的原则，扎扎实实推进各项工作。其他自由贸易试验区施行的政策，凡符合海南发展定位的，海南省均可按程序报批后在自贸试验区进行试点。各有关部门要根据海南建设自贸试验区需要，及时向海南省下放相关管理权限，给予充分的改革自主权，同时加强指导和服务，共同推进相关体制机制创新。自贸试验区建设要更好服务和融入“一带一路”建设、海洋强国、军民融合发展等国家重大战略。要以防控风险为底线，建立健全全面风险管理体系和机制，完善风险防控和处置机制，出台有关政策时，要深入论证、严格把关，成熟一项，推出一项，实现区域稳定安全高效运行。要坚持高标准高质量建设自贸试验区，落实好各项改革试点任务，真正把自贸试验区建设成为全面深化改革开放的新高地。重大事项及时向党中央、国务院请示报告。